초보 탈출 | 한 권으로 끝내는
회계와 세무

초보 탈출 | 한 권으로 끝내는
회계와 세무

현장 실무를 바탕으로 쉽고 자세하게 풀어쓴
직장인도 사업자도 반드시 알아야 할 기업의 언어

이콘

To. KJ Lee

머리말

콧물 닦으며 회사에 입사한 것이 엊그제만 같은데 사회생활을 시작한 지도 어느덧 12년이 지나가버렸습니다. 뭐 하나 내세울 것도 없는데 나이는 벌써 마흔을 바라보게 되었다니, 지나간 세월을 생각하면 부끄러움을 느낄 때가 한두 번이 아닙니다.

무엇인가 알게 되면 자랑하고 싶은 것이 사람의 마음인가 봅니다. 12년의 직장생활과 세무사 시험 준비 과정에서 지식이 좀 쌓이다보니 어디엔가 대고 '나는 이만큼 알고 있습니다' 라고 마구 자랑하고 싶은 마음이 솟구치지만, 그렇다고 아무나 잡고 내 얘기 좀 들어달라고 간청을 할 수는 없는 것이고, 그러다 문득 생각하게 된 것이 책을 한번 써보자는 것이었습니다.

요즘은 저서로 평가 받는 추세라는 말에 귀가 번쩍 띄어 무모하게 시작한 일이었지만, 조금씩 모양이 잡히는 것을 볼 때마다 그 뿌듯함이란 이루 말할 수가 없었습니다. 회사생활 짬짬이 집필을 하다보니 앞뒤의 문맥도 끊어지고 문구들이 매끄럽지는 못하지만 그래도 나의 작품이라는 생각 때문에 너무나도 애정이 가는 것 또한 사실입니다.

비록, 몇몇 지인들만이 보는 것으로 끝날지라도, 해보고 싶은 일을 한번 해 봤다는 것 자체만으로 제 인생에 있어 너무나도 의미 있는 시간이었다는 생각이 듭니다.

항상 하고 싶은 일만 생각하는 어린아이 같은 제 곁에서 항상 해야 할 일만 하고 있는 아내에게 미안하면서도, 나처럼 철 없는 사람이 이런 사람 못 만났으면 어떻게 되었을까 하며 다행이라는 생각을 종종 합니다.

지금 창 밖은 겨울에서 봄을 기다리는 애매한 햇빛이 비치고 있습니다. 생각할 것도 많고 고민할 것도 많은 날이지만 그래도 금요일 오후는 직장인들에게 즐거운 때가 아닐까 합니다.

봄을 기다리며 한남동에서…
김장용

차례

머리말 _006

어떻게 하면 기업의 언어를 이해할 수 있을까_ **회계**

제1장 회계에 대한 기본이론 _017

  I. 회계 순환과정 _020
    1. 거래의 식별 _020
    2. 분개 _021
    3. 장부에 기장 _022
    4. 시산표의 작성 _022
    5. 재무제표의 작성 _023

  II. 거래의 8요소 _024

  III. 재무제표 _028

  IV. 예제 _031
    1. 거래의 인식 및 분개 _031
    2. 장부에 기장 _034
    3. 시산표의 작성 _036
    4. 재무제표의 작성 _037

제2장 계정과목의 이해 _043

I. 자산 _046

1. 현금 및 현금등가물 _046
2. 매출채권 _047
3. 재고자산 _051
4. 투자자산 _055
5. 유형자산 _058

II. 부채 _063

1. 매입채무 _063
2. 차입금 _064
3. 퇴직급여충당금 _066

III. 자본 _067

1. 자본금 _067
2. 이익잉여금 _068

IV. 수익과 비용 _070

1. 수익의 인식기준 _070
2. 비용의 인식기준 _071

V. 현금흐름표 _072

제3장 재무제표 분석 _077

I. 추세분석 _080
1. 비교 손익계산서 _081
2. 비교 대차대조표 _082

II. 백분율 재무제표 _084
1. 백분율 손익계산서 _085
2. 백분율 대차대조표 _086

III. 재무비율 _088
1. 안정성 지표 _089
2. 수익성 지표 _090
3. 성장성 및 활동성 지표 _092

알고 있으면 돈이 되는 세무지식_ **세무**

제4장 세금 상식 _101

I. 세금에 대한 일반적 이해 _106

II. 사업을 시작할 때 고려해야 하는 문제 _111
1. 세금에 대해 궁금할 때 어디에 물어봐야 하나? _111
2. 사업을 할 때 법인이 좋을까, 개인이 좋을까? _111
3. 간이과세가 더 유리할까, 일반과세가 더 유리할까? _112
4. 사업을 시작하기 전에 사업자등록부터 한다. _113
5. 명의를 빌려주는 경우 낭패볼 수 있다. _114
6. 사업장을 개설할 때는 세무서에 가서 확정일자를 받아둔다. _114

III. 부가가치세의 절세 전략 _115

1. 부가가치세 계산 구조 : 일반 과세자 _115
2. 부가가치세 계산 구조 : 간이 과세자 _116
3. 부가가치세 신고기한 _116
4. 세금계산서 _117
5. 거래 상대방이 확실치 않은 경우 국세청 홈페이지에서 상대방을 확인한다. _118
6. 신용카드 및 현금영수증도 매입세액 공제를 받을 수 있다. _119
7. 간이과세자가 일반과세자로 변경되었을 경우는 재고자산이 있는지 확인하자. _119
8. 전기사용료도 부가세 환급이 가능하다. _119
9. 가공 세금계산서의 유혹, 사업 망하는 지름길이다. _120
10. 납부가 어렵더라도 신고는 반드시 해야 한다. _121

IV. 소득세 절세 방안 _123

1. 종합소득세 계산구조 _123
2. 동업은 신중히 - 세금은 줄일 수 있으나, 연대납세의무가 존재한다. _124
3. 간편장부를 이용하는 것도 절세의 방안이다. _124
4. 주택을 임대하는 경우에도 소득세를 납부해야 하는 경우가 있다. _125
5. 임대건물 또는 적금은 소득 없는 배우자 명의로 하는 것이 좋다. _125
6. 소규모 사업자는 원천세 반기별 신고를 이용하시는 것이 유리하다. _126

V. 양도소득세 절세 전략 _127

1. 양도소득세의 계산 구조 _127
2. 세금 절약하고 싶다면 전문가와 미리 상의한다. _128
3. 위자료도 양도소득 과세대상이다. _128
4. 1세대 1주택 양도소득 비과세 _129
5. 1세대 요건의 주의점 1 _129
6. 1세대 요건의 주의점 2 _130
7. 1세대 1주택 비과세 규정의 예외 1 _130
8. 1세대 1주택 비과세 규정의 예외 2 _131
9. 2주택자라도 비과세가 가능한 경우 _132
10. 양도시기에 따라 달라지는 세금 _133

11. 증빙을 챙겨야 세금을 조금이라도 아낄 수 있다. _133
12. 예정신고를 하지 않으면 가산세를 납부하여야 한다. _134

VI. 상속세 및 증여세 절세 전략 _135

1. 상속세 계산 구조 _135
2. 증여세 계산 구조 _137
3. 상속에 대한 법률 지식 _138
4. 때로는 상속재산이 상속부채보다 적을 수도 있다. _139
5. 피상속인의 재산을 모를 때 _139
6. 사망일이 임박해서는 재산 처분이나 대출을 지양하시는 것이 좋다. _140
7. 배우자에게 상속을 하면 세금도 줄일 수 있다. _140
8. 재산이 너무 많을 때는 증여도 하나의 절세 방법이다. _141
9. 상속세 재원 마련을 위해서는 생명보험을 가입해두는 것도 좋다. _142
10. 상속재산이 큰 경우는 사후관리를 하니 조심해야 한다. _142
11. 부동산을 증여하고 싶다면 공시지가 고시 전에 하는 것이 좋다. _143
12. 자금 출처 조사란? _143

VII. 기타 세금 절세 전략 _145

1. 부동산 취득 시 내는 세금 _145
2. 부동산 보유 시 내는 세금 _146

VIII. 근로소득 연말정산 해설 _147

제5장 혼자서 하는 세무신고 _153

I. 홈택스 _157

1. 홈택스에 가입하는 방법 _157
2. 홈택스에서 제공하는 서비스 _158

II. 원천세 신고 – 원천징수 이행상황신고서의 작성 _163

1. 기본사항 입력 _165
2. 원천징수세액 및 납부세액 _166
3. 환급세액조정 _167

III. 부가가치세 신고 – 일반과세자 _169

1. 기본사항 _171
2. 매출세액 _172
3. 매입세액 _175
4. 납부할 세액 계산 _177

IV. 부가가치세 신고 – 간이과세자 _178

1. 기본사항 _180
2. 매출세액 _181
3. 공제세액 _182
4. 과세표준명세 _184
5. 납부할 세액 계산 _185

V. 종합소득세 – 단순경비율 _186

1. 기본사항 _188
2. 소득공제 _189
3. 세액계산 _190

맺음말 _193

부록 재무제표의 계정과목 해설 _194

 어떻게 하면 기업의 언어를 이해할 수 있을까

회계

제1장

회계에 대한 기본 이론

I. 회계 순환과정

II. 거래의 8요소

III. 재무제표

IV. 예제

작년 봄에 중국으로 출장을 간 적이 있습니다. 제가 갑의 입장에 있었기 때문에 회의는 주로 한국어와 영어를 사용하여 진행했는데, 쉬는 시간만 되면 중국 사람들은 뭐가 그렇게 재미있는지, 자유로운 분위기에서 박장 대소하며 대화를 나누는 것을 보았습니다. 제가 듣기에는 그냥 소리인데 그 사람들에게는 아주 재미있는 이야기였을 것입니다. 아마도 대화 내용 자체는 엄청 재미있었겠지만 제가 알아듣지 못했기 때문에 지루한 시간을 보내야 하지 않았나 생각이 듭니다.

회사생활에서도 마찬가지입니다. 회사생활을 하다보면, 뭔가 숫자를 가지고 또는 이상한 용어를 쓰면서 때로는 심각하게, 때로는 즐겁게 얘기하는 것을 종종 들을 수 있습니다. 이러한 경우는 대부분이 회계 용어를 사용하여 회사 실적에 대하여 얘기하는 경우인데 회사생활을 하다 보면 흔하게 접할 수 있는 상황일 것입니다. 우리가 회계에 대해서 잘 알고 있었었다면, 그 사람들이 심각해할 때 함께 심각함을 느낄 수 있었을 것이고, 그 사람들이 즐거워할 때 함께 즐거워할 수 있었을 것입니다.

회계라는 것은 사업을 하는 사람들끼리 서로 의사소통을 하기 위해 만든 비즈니스의 언어입니다. 제가 중국어를 몰라 중국인들의 재미있는 얘기를 못 알아들은 것처럼, 우리가 회계를 모르고 있다면 회사 생활의 상당수 대화가 다른 나라 말처럼 들릴 것입니다. 회계는 세상에서 가장 배우기 쉬운 언어라 할 수 있습니다. 일반적으로 우리가 중국어로 의사소통을 하려고 한다면 못해도 1,000개의 단어와 100개의 문법은 알아야 의사소통이 가능할 텐데, 회계의 경우는 100개의 단어(계정과목)와 1개의 문법(거래의 8요소)만으로도 충분히 의사소통이 가능하니 얼마나 배우기 쉬운 언어입니까. 우리가 흔히 접하는 계정과목은 100개보다도 훨씬 적으니, 리스닝(Listening) 수준의 의사소통만 원한다면 이보다도 훨씬 쉽게 회계를 배울 수 있을 것입니다.

'교토삼굴'이라는 말이 있습니다. 현명한 토끼는 적어도 세 개의 굴은 가지고 있다는 말입니다. 아무리 뛰어나다 하더라도 한 가지 재주로는 험한 세상을 뚫고 나가기 힘들다는 의미로 많이 쓰이는 고사성어입니다. 세상 살다 보면 어떤 일이 발생할지 모르는데, 아무리 잘 감추어진 굴이라 할지라도 굴 하나 믿고 있다가 그 굴이 막히면 꼼짝 없이 죽는 것입니다. 회계라는 것은 너무나 널리 쓰이는 것이나 또한 다른 사람들이 배우기 어려워하는 것이니 우리가 살아가면서 충분히 토끼의 굴 역할을 해줄 수 있지 않을까 합니다. 특히 회계와 직접적 관련이 없는 영업, 마케팅, 인사, 생산 분야에 종사하고 있다면 회계는 본인의 업무 성과를 빛나게 해주는 포장재 역할을 충분히 해내는 또 하나의 굴이 되어줄 수 있을 것입니다. 어디 가서 자산 안정성, 영업실적, 현금흐름 정도만 자연스레 언급해도 여러분을 바라보는 시선이 180도 달라지지 않을까요?

이번 장에서는 회계를 배우는 사람들이 기초적으로 갖추고 있어야 하는 기본 개념에 대해 설명할 것입니다. 회사생활의 현명한 토끼가 되기 위한 첫 번째 여행을 지금부터 안내하도록 하겠습니다.

I. 회계순환과정

회계순환과정이란 거래를 인식해서 재무제표를 만들어 정보 이용자에게 제공하는 것까지 일련의 과정을 의미하는데 아래의 과정을 거쳐 실질적으로 발생한 거래가 재무제표에 반영이 되는 것입니다.

1. 거래의 식별
2. 분개
3. 장부에 기장
4. 시산표 작성
5. 재무제표 작성

1. 거래의 식별

우리가 가계부를 쓴다고 가정하면, 제일 먼저 해야 할 일은 어떤 것을 가계부에 기록할 것인가를 결정하는 것입니다. 옆집 순이 엄마가 다이아몬드 반지를 산 것이 부럽기는 하지만 우리의 가계부에 그 부분을 적을 수 있는 것은 아닙니다. 왜냐하면 순이 엄마의 다이아몬드 반지는 부러움의 대상일지언정 우리집 통장에는 아무런 영향을 미치지 않기 때문입니다. 그리고 우리 둘째 아들이 전교 일등한 것도 장부에 적지는 않을 것입니다. 둘째 아들이 전교 일등을 하면 아빠가 힘내서 더욱 열심히 일은 하겠지만, 우리집 재정 상태에 직접적으로 영향을 미치지 않기 때문에 가계부에 포함이 되지 않습니다.

회계에서도 마찬가지로 오직 회사의 경제력에 직접적으로 영향을 미치는 것만이 회사의 회계 범위에 포함됩니다. 예를 들면, 경쟁사의 수준 높은 복리후생제도가 직원들의 부러움을 살 수는 있겠지만 회사의 회계 대상은 아닌 것이고, 우리 회사가 산업훈장포상을 받았다고 하더라도 그것이 회사의 이름은 높였겠지만 회계 대상에 포함되지는 않습니다.

2. 분개

우리가 가계부에 기록할 사건을 식별했으면, 우리는 가계부에 어떠한 방식을 사용하여서라도 기록해야 합니다. 그러나 만일 나만이 알아볼 수 있는 특수문자로 기록한다면, 남편이 우리의 수입 및 지출 상태를 보고 싶다고 했을 때, 우리는 항목 하나하나에 대하여 지출 및 수입 내용을 남편에게 설명해야만 할 것입니다. 그러지 않기 위해서는 남편도 이해할 수 있는 단어를 사용하여 남편도 이해할 수 있는 규칙에 맞추어 가계부를 기록하여야 할 것입니다.

회사에도 이러한 과정이 존재하는데 그것을 **분개**라고 합니다. 회사와 관련된 모든 사람이 이해할 수 있는 **계정과목**이라는 단어를 사용하고, 단어를 사용하는 규칙을 말하는 **거래의 8요소**를 사용하여 분개를 하여야만 회사와 관련된 모든 사람들이 분개를 보고 의미를 이해할 수 있는 것입니다.

3. 장부에 기장

우리 가정의 지출 규모가 작다면 지나간 지출을 다시 보고 싶을 때 찾기가 수월할 것입니다. 그러나 우리 가정이 2남 3녀의 대가족이라면, 2년 전 지출한 둘째 아들의 학원비를 찾기 위해서 지나치게 많은 시간을 소모하여야 할 것입니다. 그런데 우리집 가계부가 지출 종류별로 정리가 되어 있다면, 손쉽게 2년 전 지출한 둘째 아들의 학원비를 찾아낼 수 있을 것입니다.

회사의 경우도 마찬가지입니다. 특히 회사의 경우, 너무나 많은 거래가 존재하기 때문에 계정과목별로 정리해놓지 않으면 어제 일어난 거래조차 찾지 못할 수도 있습니다. 그래서 회사는 계정과목별로 구분하여 각각의 사건을 기록해놓는데, 이것을 **장부에 기장**한다고 합니다.

4. 시산표의 작성

요즘은 그래도 많이 사라져서 천연기념물 취급을 당하지만 아직까지 저 산간 오지에 존재한다는 간 큰 남편들이 가장 자주 하는 얘기 중 하나는 '도대체 살림을 어떻게 하길래 돈이 매일 없다고 하는 거야' 일 것입니다. 남편이 그렇게 얘기했을 때 화를 내면서 '애들한테 들어가는 돈이 얼마나 많은데' 라고 툭 말해버린다면, 아마 싸움만 더 커질 것입니다. 그렇다고 가계부에 쓰여 있는 모든 지출을 보여주고, 미주알고주알 설명을 늘어놓는다면 남편은 '요즘 회사에서 얼마나 피곤한데 여기까지 와서 이런걸 봐야 해' 하고 짜증을 낼 수도 있습니다.

이때 우리 가정의 지출을 구분하여 합계를 내서 보여준다면, 즉 '당신의 수입이 얼마이고, 애들한테 들어가는 학원비가 얼마이고, 당신 용돈이 얼마이고, 아파트 때문에 빌린 대부금의 원리금 상환액이 얼마이다' 라고 요약해 보여준다면, 남편은 금방 꼬리를 내리고 말 것입니다. 이처럼 회사도 계정과목별로 단순 집계를 해놓은 표가 있는데, 이를 시산표라고 합니다. 이러한 시산표는 주요 재무제표를 만드는 데 기본 자료로 사용이 됩니다.

5. 재무제표의 작성

만일 이러한 단순한 요약표를 더 다듬어서 가정의 수입과 지출, 그로 인한 우리의 재산 상태 등을 남편에게 보여준다면, 남편은 군소리 한마디 못 하고 조용해질 것입니다.

이처럼 회사에서도 정보 이용자가 알고 싶어하는 정보를 제공하기 위하여 특별한 표를 만드는데, 이것을 재무제표라고 부릅니다. 일정 기간의 사업 실적을 나타내는 손익계산서, 일정 시점의 자산 상태를 나타내는 대차대조표, 주주에 대한 채무의 변동을 나타내는 자본상태변동표, 그리고 현금의 움직임을 보여주는 현금흐름표를 주요 재무제표라고 말합니다.

II 거래의 8요소

　회계를 처음 시작하시는 분들이 가장 먼저 보게 되는 단어는 아마 차변과 대변이라는 단어일 것입니다. 차변과 대변의 뜻이 무엇일까요? 결론부터 말씀 드린다면, 차변은 그냥 왼쪽을 뜻하는 것이고, 대변은 그냥 오른쪽을 뜻하는 것입니다. 차변에 기입하라는 말은 왼쪽에서 쓰라는 얘기이고, 대변에 기입하라는 말은 그냥 오른쪽에다 쓰라는 얘기입니다. 회계를 한마디로 표현하면, '회계는 기업의 언어이다'라고 할 수 있을 것입니다. 언어는 의사소통을 가능하게 하는 것이고, 의사소통은 단어를 문법에 맞게 나열하여 문장을 만들었을 때에만 가능한 것입니다. 언어에도 문법이 있듯이 회계에도 계정과목을 나열하는 규칙이 존재하는데, 그것을 **거래의 8요소**라고 부릅니다.

　거래의 8요소는 차변에 기입된 계정의 의미와 대변에 기입된 계정의 의미를 규칙화하여 표현한 것입니다. 그렇다면 차변과 대변에 기입된 계정과목들의 의미는 무엇일까요? 차변에 기입했다는 것은 재산이 늘거나 부담이 줄어들었다는 것을 의미하고, 대변에 기입했다는 것은 재산이 줄거나 부담이 늘었다는 것을 의미합니다. 즉, 회사 입장에서 좀 많아서 좋은 것은 차변에 기입하고, 많아도 별로 안 좋은 것은 대변에다 기입한다고 생각하면 어느 정도 비슷할 것입니다.

이를 요약하여 표시하면 아래와 같습니다.

▶ 거 래 의   8 요 소

차변(Debit)	대변(Credit)
자산의 증가	자산의 감소
부채의 감소	부채의 증가
자본의 감소	자본의 증가
비용의 발생	수익의 발생

다음의 설명으로 넘어가기 전에 위의 표에 나오는 회계용어의 정의에 대해 잠깐 살펴본 후에 거래의 8요소의 적용에 대해 좀더 상세히 설명하도록 하겠습니다.

알아둘 회계용어

1. **자산(Assets)** 회사에 미래의 현금유입을 가져오게 하거나, 현금유출을 줄일 수 있으리라 기대되는 경제적 자원을 의미합니다. 즉, 나중에 돈을 벌어들이게 하거나 돈을 덜 나가게 해주는 것이 자산이라 할 수 있습니다.

2. **부채(Liabilities)** 외부인에 대한 채무 또는 외부인에 의한 자산의 청구권을 의미합니다. 즉, 채무자에게 갚아야 할 빚을 뜻한다고 할 수 있습니다.

3. **자본(Capital)** 회사에 대한 주주의 지분이며 자산에서 부채를 차감한 금액을 의미합니다. 다시 말해서, 회사 주인이 순수 자기 몫으로 챙겨갈 수 있는 부분이라 할 수 있습니다. 회사의 입장에서 본다면 부채나 자본은 모두 누군가에게 갚아야 하는 빚이라는 점에서는 아주 비슷한 항목이라고 할 수 있습니다. 단지 차이는 그 대상에 있는 것입니다. 빚을 갚아야 할 대상이 채무자이면 부채로 구분되는 것이고, 그 대상이 주주인 경우는 자본에 해당하는 것입니다. 주주는 주인이기 때문에 빚을 갚는다는 것이

좀 이상하겠지만, 엄연히 법인(회사)도 독립된 인이기 때문에 회사의 입장에서 보면 주인에게 빚을 갚는다는 것이 가능한 것입니다. 고대에 노예가 주인에게 속해 있지만 노예가 주인한테 돈을 꾸었을 때는 빚을 갚아야 하는 것과 비슷한 이치라고 할 수 있습니다.

4. 비용(Expense) 고객에게 재화 및 용역을 제공함으로 인해 발생하는 주주지분의 감소액을 말합니다. 즉, 주인이 돈을 벌기 위해 당장 사용하는 자원을 의미한다고 할 수 있습니다. 자산과 비용 모두 돈을 벌기 위해서 사용된다는 점에서는 공통점을 가지고 있습니다. 차이라면 단지 자산은 먼 미래까지 사용할 수 있는 것이고, 비용은 지금 이 순간에만 사용할 수 있다는 것입니다. 예를 들어 카메라를 구매한다고 가정을 하면, 일회용카메라를 구매한 경우는 비용으로 구분될 것입니다. 왜냐하면, 일회용 카메라는 한 번 쓰기 위한 것이지 오랜 기간 사용할 수는 없기 때문입니다. 그러나 고급 디지털 카메라를 구매하였다면 자산으로 구분될 것입니다. 왜냐하면 고급 디지털 카메라는 1년 이상 두고두고 사용할 수 있기 때문입니다.

5. 수익(Revenue) 재화와 용역의 공급에 대한 교환으로서 받게 된 자산의 증가로부터 발생하는 주주지분의 증가를 말합니다. 즉, 장사를 통해 증가하는 주인 몫을 의미합니다.

요약하면 자산, 부채, 자본은 대차대조표의 구성항목으로서 자산은 경제적 자원, 부채는 그 경제적 자원에 대한 의무, 그리고 자본은 소유주 지분을 의미하는 것입니다. 그리고 수익과 비용은 손익계산서의 구성항목으로서 수익은 경제적 효익의 유입을 비용은 경제적 효익의 유출을 의미합니다.

자산은 일반적으로 회사의 재산을 의미합니다. 재산이 늘어나면 회사 입장에서 내실이 튼실해져서 좋으니 왼쪽(차변)에 쓰는 것이고, 재산이 줄면 회사 입장에서 자기 것이 빠져나가는 것이니 오른쪽(대변)에 쓰는 것입니다.

부채는 회사의 짐을 의미합니다. 짐이 줄어들었을 때는 회사가 의무에서 벗어날 수 있으니 왼쪽(차변)에 쓰고, 짐이 늘어났을 때는 회사가 힘들어지니 오른쪽(대변)에 기입하는 것입니다.

자본은 주인마님에게 진 빚입니다. 주인마님한테 진 빚이라도 짐이 줄었을 때는 한결 마음이 편안해질 테니 왼쪽(차변)에 쓰고, 빚이 늘어나면 심적 부담이 커지기 때문에 오른쪽(대변)에 쓰는 것입니다. 그러나 주인마님의 경우 돈 안 갚는다고 감옥에 보내지는 않으므로 다른 짐에 비해서는 상환의 부담이 아주 적다고 할 수 있습니다.

비용은 수익을 얻기 위해 사용한 돈을 의미합니다. 비록 지금 당장은 돈이 되지 않으나, 나중에 더 큰 돈이 되어 돌아올 것이기 때문에 회사에서는 이를 좋은 쪽으로 생각해서 왼쪽(차변)에 표시합니다.

수익은 주인마님에게 갚아야 하는 빚의 한 종류입니다. 머슴이 돈을 번다 한들 이는 나중에 정산하여 주인마님께 드려야 하는 돈입니다. 따라서 벌어서 주인마님께 바쳐야 하니 더 억울하게 생각하고 이를 오른쪽(대변)에 표시하는 것입니다.

III
재무제표

재무제표란 회사의 재무에 관련된 정보를 회사와 관련 있는 사람들에게 효율적으로 전달하기 위해 만들어진 일정한 형태를 가진 표로서 아래의 네 가지를 주요 재무제표라고 합니다.

1. 대차대조표(Balance Sheet) 일정 시점의 회사의 재무 상태를 파악하기 위해 작성된 재무제표로서 회사의 재산(자산), 재산에 대한 의무(부채), 소유주의 지분(자본)으로 구성됩니다.

2. 손익계산서(Income Statement) 일정 기간 동안 회사의 사업에 대한 성과를 나타내는 재무제표로서 경제적 효익의 유입(수익)과 경제적 효익의 유출(비용)로서 구성됩니다.

3. 현금흐름표(Cash Flow Statement) 일정 기간 동안 회사의 현금의 변동을 나타내는 재무제표로서 영업현금흐름, 투자현금흐름, 재무현금흐름으로 구성됩니다.

4. 자본상태변동표(Statements of Shareholders' Equity) 일정 기간 동안 회사의 소유주 지분(자본)의 변동을 나타내는 재무제표로서 자본, 자본잉여금, 이익잉여금, 자본조정, 포괄손익의 변동으로 구성됩니다.

앞에서 설명한 재무제표의 양식은 아래와 같습니다.

▶▶ **대 차 대 조 표**

차변		대변	
자산		**부채**	
Ⅰ. 유동자산	XXX	Ⅰ. 유동부채	XXX
1. 당좌자산	XXX	(1)매입채무 XXX	
(1)현금과현금등가물 XXX			
(2)매출채권 XXX		Ⅱ. 고정부채	XXX
2. 재고자산	XXX	(1)차입금	XXX
		(2)퇴직급여 충당금	XXX
Ⅱ. 고정자산	XXX	**자본**	
1. 투자자산	XXX		
2. 유형자산	XXX	Ⅰ. 자본금	XXX
		Ⅱ. 이익잉여금	XXX
자산총계	XXX	**부채와 자본총계**	XXX

▶▶ **손 익 계 산 서**

	계정	금액
Ⅰ.	매출액	XXX
Ⅱ.	매출원가(-)	XXX
Ⅲ.	매출총이익	XXX
Ⅳ.	판매비와 일반관리비(-)	XXX
Ⅴ.	영업이익	XX
Ⅵ.	영업외수익(+)	XX
Ⅶ.	영업외비용(-)	
Ⅷ.	경상이익	XX
Ⅸ.	특별이익(+)	X
Ⅹ.	특별손실(-)	X
ⅩⅠ.	법인세 차감 전 순이익(손실)	XX
ⅩⅡ.	법인세	X
ⅩⅢ.	법인세 차감 후 순이익(손실)	XX

▶ 현금흐름표

계정	금액
I. 영업현금흐름	XXX
1. 당기순이익	XX
2. 현금 지출 없는 비용 가산	XX
3. 현금 유입 없는 수익 차감	XX
4. 영업 활동 관련 자산 부채 변동	XXX
II. 투자현금흐름	XXX
1. 유입	XX
2. 유출	XX
III. 재무현금흐름	XXX
1. 유입	XX
2. 유출	XX
IV. 현금의 증감(1+2+3)	XXX
V. 기초 현금	XXX
VI. 기말 현금	XXX

▶ 자본변동표

계정	자본금	자본잉여금	자본조정	포괄손익	이익잉여금	총계
기초	XXX	XXX	XXX	XXX	XXX	X,XXX
1. 증자	XX	XX				XXX
2. 감자						
3. 당기순이익					XX	XX
4. 배당					XX	
기말	XXX	XXX	XXX	XXX	XXX	X,XXX

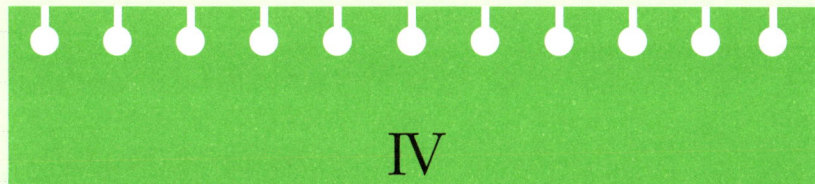

IV 예제

앞에서 설명했던 내용들을 예제를 통해 실질 회계에 적용해본다면, 훨씬 더 이해가 빠를 것이라고 생각합니다. 아래의 예제는 모든 회사에서 가장 일반적으로 발생하는 거래로, 좀 힘들더라도 반드시 이해하고 넘어가야 합니다. 특히 거래의 인식과 분개 부분을 이해하지 못하고 넘어간다면 회계의 다음 단계를 이해할 수 없으니 무슨 일이 있어도 완벽하게 이해하고 지나가기 바랍니다.

1. 거래의 인식 및 분개

거래의 인식 및 분개란 회사의 사업과 관련된 자료를 인지하여 회계용어로 풀어 쓰는 절차를 의미합니다. 우선은 자산, 부채, 자본, 수익, 비용의 증감 또는 발생을 파악하고 자산의 증가, 부채 및 자본의 감소, 비용은 발생은 차변에 자산의 감소, 부채 및 자본의 증가, 수익의 발생은 대변에 기입하면 됩니다.

▶▶ 출 자

거래의 인식	분개	
<u>거래</u> (1/1) 자본금 100원으로 회사를 설립하다.	차변 현금(자산) 100	대변 자본금(자본) 100

<u>분석</u> 현금이 유입되었으므로 현금이라는 자산이 증가하였고, 소유주 지분이 증가하였으므로 자본금이라는 자본이 증가하였습니다.

▶▶ 외 상 매 입

거래의 인식	분개	
<u>거래</u> (1/2) 샴푸 2개 (@10원)를 외상으로 구입하다.	차변 상품(자산) 20	대변 매입채무(부채) 20

<u>분석</u> 상품이 유입되었으므로 상품이라는 자산이 증가하였고, 외상 거래를 통하여 지불하여야 할 채무가 증가하였으므로 매입채무라는 부채가 증가한 것입니다.

▶▶ 인 쇄 비 의 발 생

거래의 인식	분개	
<u>거래</u> (1/3) 전단 인쇄비로 5원 현금 지급하다.	차변 도서인쇄비(비용) 5	대변 현금(자산) 5

<u>분석</u> 전단을 인쇄하기 위해 현금 자산을 사용하였으므로 도서인쇄비라는 비용이 발생한 것이고, 현금이 유출되었으므로 현금이라는 자산이 감소한 것입니다.

▶▶ 컴 퓨 터 의 현 금 구 입

거래의 인식	분개	
<u>거래</u> (1/4) 컴퓨터 1대를 15원에 현금으로 구입하다.	차변 컴퓨터(자산) 15	대변 현금(자산) 15

<u>분석</u> 여러 해 동안 사용할 수 있는 컴퓨터(유형자산)가 유입되었으므로 컴퓨터라는 자산이 증가한 것이고, 현금이 유출되었으므로 현금이라는 자산이 감소한 것입니다.

▶▶ 외상 매출

거래의 인식	분개	
거래 (1/5) 샴푸 1개를 20원에 외상으로 매출하다.	차변 매출채권(자산) 20	대변 매출(수익) 20

분석 돈을 받을 수 있는 권리가 증가하였으므로 매출채권이라는 자산이 증가한 것이고, 향후 수금될 현금 때문에 주주지분이 증가하였으므로 매출이라는 수익이 발생한 것입니다.

▶▶ 매출원가의 인식

거래의 인식	분개	
거래 (1/5) 5번 거래에 대한 매출원가를 인식하다.	차변 매출원가(비용) 10	대변 상품(자산) 10

분석 매출을 발생시키기 위해 샴푸를 사용하였으므로 매출원가라는 비용이 발생한 것이고, 상품이 유출되었으므로 상품이라는 자산이 감소한 것입니다.

▶▶ 매입채무의 지급

거래의 인식	분개	
거래 (1/6) 매입채무 중 10원 거래처에 현금 지급하다.	차변 매입채무(부채) 10	대변 현금(자산) 10

분석 부담이 사라진 것이므로 매입채무라는 부담이 감소한 것이고, 현금이 유출되었기 때문에 현금이라는 자산이 감소한 것입니다.

2. 장부에 기장

장부에 기장한다는 것은 분개한 내용을 계정과목별로 정리하는 절차로서 장부는 각각의 계정과목별로 작성이 되며 향후에도 쉽게 찾아볼 수 있도록 참조번호, 날짜, 적요, 금액 등이 기록됩니다.

▶ 계정별 원장 : 현금과 예금

차변				대변			
거래번호	날짜	거래내용	금액	거래번호	날짜	거래내용	금액
1	1/1	증자	100	3 4 7	1/3 1/4 1/6	인쇄비 컴퓨터 구입 매입채무 지급	5 15 10
		잔액	70				

▶ 계정별 원장 : 매출채권

차변				대변			
거래번호	날짜	거래내용	금액	거래번호	날짜	거래내용	금액
5	1/4	외상매출	20				
		잔액	20				

▶ 계정별 원장 : 상품

차변				대변			
거래번호	날짜	거래내용	금액	거래번호	날짜	거래내용	금액
2	1/2	외상매입	20	6	1/5	매출원가 인식	10
		잔액	10				

▶▶ 계정별 원장 : 비품(컴퓨터)

차변				대변			
거래번호	날짜	거래내용	금액	거래번호	날짜	거래내용	금액
4	1/4	컴퓨터 구매	15				
		잔액	15				

▶▶ 계정별 원장 : 매입채무

차변				대변			
거래번호	날짜	거래내용	금액	거래번호	날짜	거래내용	금액
7	1/6	외상매입 지급	10	2	1/2	외상매입	20
						잔액	10

▶▶ 계정별 원장 : 자본금

차변				대변			
거래번호	날짜	거래내용	금액	거래번호	날짜	거래내용	금액
				1	1/1	출자	100
						잔액	100

▶▶ 계정별 원장 : 매출

차변				대변			
거래번호	날짜	거래내용	금액	거래번호	날짜	거래내용	금액
				5	1/5	외상매출	20
		잔액				잔액	20

▶▶ 계정별 원장 : 매출원가

차변				대변			
거래번호	날짜	거래내용	금액	거래번호	날짜	거래내용	금액
5	1/5	매출원가 인식	10				
		잔액	10				

▶ 계 정 별 원 장 : 판 매 비 와   일 반 관 리 비

차변				대변			
거래번호	날짜	거래내용	금액	거래번호	날짜	거래내용	금액
3	1/3	인쇄비	5				
		잔액	5				

3. 시산표의 작성

시산표는 주요 재무제표를 만들기 위해 준비단계로서 만드는 재무제표입니다. 시산표에서는 모든 계정과목의 잔액이 표시가 되므로 자산, 부채 및 자본 항목을 뽑아내 대차대조표를 만들고 수익, 비용 계정을 뽑아내 손익계산서를 만들 수 있는 것입니다.

계정과목	차변 잔액	대변 잔액
1. 현금 및 현금 등가물	70	
2. 매출채권	20	
3. 상품	10	
4. 컴퓨터	15	
5. 매입채무		10
6. 자본금		100
7. 매출		20
8. 매출원가	10	
9. 판매비와 일반관리비	5	
	130	130

4. 재무제표의 작성

재무제표는 회계순환과정의 마지막 단계로서 외부 이해관계자들에게 재무제표를 제공하는 것이 재무 회계의 가장 궁극적인 목적이라고 할 수 있습니다. 재무제표는 이해관계자들이 알고 싶어하는 자산 상태(대차대조표), 영업실적(손익계산서), 소유주 지분의 변동(자본변동표), 현금의 변동(현금흐름표) 등의 정보를 제공함으로서 그들이 합리적인 판단을 하도록 하는 기초 자료가 되는 것입니다.

▶▶ 대 차 대 조 표

차변		대변	
자산		부채	
I. 유동자산	100	I. 유동부채	10
1. 당좌자산	90	(1) 매입채무	10
(1) 현금과현금등가물	70		
(2) 매출채권	20	II. 고정부채	
2. 재고자산	10	(1) 차입금	
(1) 상품	10	(2) 퇴직급여충당금	
		자본	
II. 고정자산	15		
제1장 투자자산	15	I. 자본금	100
제2장 유형자산		II. 이익잉여금	5
(1) 컴퓨터	15		
자산총계	115	부채와 자본총계	115

▶ 손 익 계 산 서

계정	금액
I. 매출액	20
II. 매출원가(−)	10
III. 매출총이익	10
IV. 판매비와 일반관리비(−)	5
V. 영업이익	5
VI. 영업외수익(+)	
VII. 영업외비용(−)	
VIII. 경상이익	5
IX. 특별이익(+)	
X. 특별손실(−)	
XI. 법인세 차감 전 순이익(손실)	5
XII. 법인세	
XIII. 법인세 차감 후 순이익(손실)	5

▶ 현 금 흐 름 표

계정	금액
I. 영업현금흐름	−15
1. 당기순이익	5
2. 현금 지출 없는 비용 가산	
3. 현금 유입 없는 수익 차감	−20
4. 영업 활동 관련 자산 부채 변동	−10
(1) 매출채권 증가	−10
(2) 상품 증가	10
(3) 매입채무 증가	
II. 투자현금흐름	−15
1. 유입	
2. 유출	−15
III. 재무현금흐름	100
1. 유입	100
2. 유출	
IV. 현금의 증감(1+2+3)	70
V. 기초 현금	0
VI. 기말 현금	70

▶▶ 자본변동표

계정	자본금	자본잉여금	자본조정	포괄손익	이익잉여금	총계
기초						0
1. 증자	100					100
2. 감자						0
3. 당기순이익					5	5
4. 배당						
기말	100				5	105

　우리는 지금까지 회계를 배우는 데 있어서 가장 기본이 되는 개념인 회계순환과정, 거래의 8요소, 재무제표의 구성요소, 재무제표의 종류에 대해 함께 살펴보았습니다. 이러한 개념이 머리 속에 정확히 정리가 되지 않는다면, 다음 장에서 설명할 계정과목별 해설과 재무제표의 분석 부분은 도저히 이해하기 힘든 외국어처럼 들릴 것입니다. 그러나 첫술에 배부를 리 없다고, 한 번 배워서 터득할 수 있는 사람은 아무도 없습니다.

　처음에 이해가 안 되는 부분이 많아도 계속해서 읽다보면 점차 이해가 될 것입니다. 한 번, 두 번, 세 번까지는 이해가 안 되더라도 계속 읽어나가길 바랍니다. 그러다 네 번째도 이해가 안 되면, 그때는 책을 그냥 덮어도 좋습니다. 본인은 회계에 맞지 않는 사람입니다. 괜히 고생하지 말고 다른 사람의 도움을 받으며 살아가는 것이 더 행복할 수도 있습니다.

　그러나 세 번째까지는 반드시 읽으셔야 합니다. 세 번을 읽기 전까지는 그 누구도 회계가 본인에게 잘 맞는지 아닌지를 알 수 없기 때문입니다. 특히 이번 장은 아무리 강조해도 지나치지 않습니다. 분량이 많은 것도 아니고 어려운 개념이 많이 나오지도 않습니다. 읽고 또 읽어서 습득이 아닌 체득을 한다면, 다음에 이어지는 회계의 여정이 훨씬 수월해질 것입니다.

Column 01
::교토삼굴 [狡兎三窟]

교토삼굴이란 '현명한 토끼는 몸 숨길 굴을 최소 3개는 가지고 있다'는 의미입니다. 앞으로 무슨 일이 닥칠지 모르니 미리미리 대책을 세워두라는 뜻을 담은 고사 성어입니다.

그 유래는 전국시대, 전국 사군 중 으뜸으로 대우 받는 제나라의 맹상군과 그의 식객 풍환으로부터 비롯된 이야기입니다.

제나라 사람 맹상군은 자신의 어린 시절 경험으로 인해 사람을 옆에 두기를 좋아하여, 식객이 무려 3,000명에 이르렀다고 합니다. 그는 식객을 세 등급으로 나누어 대우했는데 3등급은 밥만 주고, 2등급은 밥과 함께 고기 반찬을, 1등급은 외출할 때 마차까지 탈 수 있었다고 합니다.

하루는 아주 볼품없는 풍환이라는 자가 찾아와서 맹상군의 식객이 되기를 간청했습니다. 맹상군은 그를 찾아오는 사람은 누구든지 식객으로 받아들이는 원칙을 가지고 있는 사람인지라 그를 3등급 식객으로 받아들였습니다. 하루는 맹상군이 집사에게 그의 근황을 물어보았는데, 그가 고기가 없어서 밥을 먹을 수 없다고 노래를 부르고 다닌다는 것이었습니다. 맹상군은 조금 어이가 없었지만 이유가 있겠지 생각하고 그의 등급을 2등급으로 올려주었습니다. 며칠이 지나 집사에게 또 그의 근황을 물어보니, 이번에는 마차가 없어서 외출을 할 수 없다는 노래를 부르고 다닌다는 것입니다. 이번에도 어이가 없었지만, 맹상군은 무언가가 있겠지 생각하며 그를 1등급으로 올려주었습니다. 며칠이 지나 맹상군이 풍환의 근황을 다시 물어보니, 이번엔 그가 어머니가 옆에 없어서 편안할 수가 없다는 노래를 하고 다닌다는 것이었습니다. 그래서 맹상군은 어머니까지 모셔오게 하여 함께 살게 했다고 합니다.

그후로 풍환은 한동안 별 하는 일 없이 지냈는데, 이를 고깝게 여긴 맹상군이 풍환에게 그의 영지(설)에 가서 차용금을 받아 오라고 심부름을 시켰습니다. 영지로 떠나기 전에 풍환이 맹상군에게 "받은 빚으로 무엇을 사올까요?" 라고 물어 보자, 맹상군은 "여기에 없는 것을 사오라"고 했다고 합니다.

설 땅에 도착한 풍환은 채무를 정확히 조사하여 받을 수 있는 것은 받고, 연기해달라는 것은 연기해주고, 갚기 어렵다고 얘기한 것은 한쪽에 쌓아놓으라고 했습니다. 차입금 징수 업무를 마친 풍환은 설 땅에서 징수한 이자로 설 땅에 사는 사람들을 모아 놓고 잔치를 크게 열고서 "맹상군께서 재리를 밝혀서 여러분에게 이자를 받는 것이 아니고 식객들을 먹여 살리기 위해 어쩔 수 없이 이자를 받고 있으나 어려움을 겪고 있는 사람은 조사하여 빚을 모두 탕감해주라고 했다"고 말하면서 옆에 쌓여 있던 증서를 모두 태워 버렸다고 합니다.

풍환이 돌아 왔다는 소식은 들은 맹상군은 풍환에게 "풍선생은 돈을 얼마나 받아왔습니까?"라고 물어 보았습니다. 그러자 풍환이 기다렸다는 듯이 말하기를 "지금 공에게 없는 은혜와 의리를 설 땅에서 사 가지고 오느라고 돈을 다 써버렸습니다"라고 대답하는 것이었습니다. 맹상군은 풍환의 행위가 탐탁지 않았으나 할 말이 없어 그냥 넘어가고 말았습니다.

달도 차면 기울듯이 그후 맹상군은 제나라 민왕의 시기를 받아 벼슬에서 쫓겨나게 되는데, 이때 3,000명에 달하는 식객은 모두 사라지고 풍환만이 홀로 남아서 맹상군에게 영지인 설 땅으로 가기를 권하였답니다.

맹상군이 설 땅으로 돌아온다는 말을 전해 들은 영시의 백성들은 설 땅에 도착하는 맹상군을 가슴 깊이 환영했고, 이를 본 맹상군이 풍환에게 말하였습니다. "이제야 선생이 은혜와 의리를 사왔다는 것의 뜻을 알겠소." 이때, 풍환이 대답하기를 "현명한 토끼는 몸 숨길 곳을 최소한 세 개는 뚫습니다. 지금 공께서는 겨우 하나의 굴을 뚫었을 뿐입니다. 따라서 아직 고침무우(高枕無憂)베개를 높이 베고 근심 없이 산다는 뜻살 수는 없습니다. 공을 위해 나머지 두 개의 굴도 마저 뚫어 드리지요." 라고 말하고 위 혜왕을 방문하기 위하여 위나라를 향해 떠났습니다.

위 혜왕을 방문한 풍환은, 제나라가 강성한 것은 맹상군과 같은 훌륭한 인재가 많기 때문이라면서, 민왕이 어리석어 그를 내쳤으니 지금이 좋은 기회라고 역설하였습니다. 이에 감흥을 받은 위 혜왕은 여러 번 금은보화를 보내어 맹상군을 청하였으나, 풍환이 조언한 대로 맹상군은 이를 받아들이지 않았습니다. 이러한 소문이 제 민왕의 귀에 들어가자, 제 민왕은 맹상군의 진가를 다시금 깨닫고 더 많은 녹봉을 주어 맹상군을 복직시켰다는 것입니다. 이것으로 맹상군의 두 번째 굴이 완성된 것입니다.

두 번째 굴을 만드는 데 성공한 풍환은 제 민왕을 설득해 설 땅에 제나라 종묘를 세우길 간청하여 선왕때부터 전해오는 제기를 종묘에 바치게 하였습니다. 선대의 종묘가 맹상군의 영지에 있는 한 제 민왕이 맹상군을 홀대하기는 어렵다는 계산에서 세 번째 굴을 완성한 것입니다. 세 번째 굴까지 완성한 풍환은 맹상군에게 "이것으로 세 개의 굴이 완성되었습니다. 이제 주인님은 베게를 높이 세우고 주무서도 됩니다"라고 말했다고 전해집니다.

그후 맹상군은 편안하게 수십 년을 보낼 수 있었는데 이는 모두 풍환이 만들어준 세 개의 굴 덕분이라고 할 수 있습니다.

제2장

계정과목의 이해

I. 자산

II. 부채

III. 자본

IV. 수익과 비용

V. 현금흐름표

세상에는 수많은 일들이 계속해서 발생하고 있으며, 그 속도 또한 점점 더 빨라지고 있습니다. 그냥 평범한 현대인으로 살아가는 것조차 너무나 많은 지식을 필요로 하기 때문에 대부분의 현대인들은 지식 갱신에 대한 엄청난 압력에 시달리고 있다고 해도 과언이 아닙니다. 우리 각자에게 주어진 시간은 한정되어 있고 배워야 할 것은 점점 늘어나고 있으니, 꼭 알아둬야 할 것들도 감히 시작할 엄두를 못 내는 경우가 많습니다.

회사원, 사업자, 전업주부, 학생들 모두 각자의 주어진 일만으로도 너무나 바쁘고 피곤한데, 또 다른 배움을 위해서 시간을 쪼개자고 하는 것은 어떻게 보면 어불성설일 수도 있습니다. 그러나 아무리 피하고 싶어도 피할 수 없는 필수코스가 있듯이 어느 곳 어느 분야에 몸담게 될지라도 도저히 피해갈 수 없는 분야가 존재하는데 그중 하나가 바로 회계가 아닐까 합니다. 회계에 대한 필요성을 토로하는 사람들조차 배울 엄두가 안 난다고 말씀들을 하시는데, 이는 회계에 대한 생소함과 회계라는 것은 너무 배울 것이 많다는 생각에서 기인한 것이 아닐까 합니다.

회계원리, 중급회계, 고급회계, 원가회계, 관리회계 분야의 책들을 최소한 서너 번은 읽어봐야 어디 가서 회계에 대해서 좀 안다고 얘기할 수 있으니, 회계를 배우고자 마음먹은 사람의 입장에서 보면 끝이 안 보이는 터널에 들어간 것과 같을 것입니다.

우리가 일상적으로 접하는 회계 부분은 극히 일부분이고 위에서 언급한 것들이 모두 흔히 볼 수 있는 것 또한 아닙니다. 현금, 매출채권이라는 단어의 경우는 집에서 슈퍼마켓을 운영한다고 해도 자주 들을 수 있는 단어라고 할 수 있지만 연결재무제표, 지분법 회계라는 말은 오직 회계 분야 종사자들만이 접할 수 있고 또한 알아야 하는 단어입니다.

누가 뭐라 해도 회계에 대한 정규코스를 밟아서 배우는 것이 가장 완벽한 배움의 정문이기는 하지만, 우리 모두가 회계 전문가가 될 필요가 없으니 우리가 흔히 접하는 부분만 뽑아서 배우는 것도, 즉 쪽문을 이용하는 것도 그리 나쁜 방법은 아닐 것입니다.

'일모도원' 이라는 말이 있습니다. '해는 저물었는데 갈 길은 멀다' 는 고사성어로서 시간은 없는데 할 일은 많다는 말입니다. 정문을 통과하여 성문에 들어가는 것이 성 안으로 들어가는 가장 일반적인 방법이긴 하지만, 성 안으로 못 들어가고 성 밖에서 노숙하는 것보다는 쪽문을 통해서라도 성 안으로 들어가서, 편안히 밤잠을 청하는 것이 현명한 방법이 아닐까 합니다.

실리를 구하지 않고 형식만 추구하다가 성 안에 들어가보지도 못할 수 있습니다. 비록, 쪽문으로 들어갈 때는 창피할지 몰라도 막상 성 안으로 들어가면 정문으로 들어왔는지 쪽문으로 들어왔는지 관심 갖는 사람은 아무도 없습니다. 정문은 이미 닫혔는데 성 밖에서 서성이지 말고 쪽문으로라도 들어가서 따뜻하게 밤을 보내도록 합시다.

지금부터는 계정과목의 이해라는 성으로 들어가는 쪽문으로 안내하도록 하겠습니다.

I 자산

자산(Assets)이란 회사에 미래의 현금유입을 가져오거나, 현금유출을 줄일 수 있으리라 기대되는 경제적 자원을 의미합니다. 즉 나중에 돈을 벌어들이게 하거나, 돈을 덜 나가게 해주는 것이 자산이라 할 수 있습니다. 자산의 대표적인 예로는 현금 및 현금등가물, 매출채권, 재고자산, 고정자산이 있습니다.

1. 현금 및 현금등가물

회계에서 말하는 현금은 일상생활에서 말하는 화폐보다 훨씬 범위가 넓다고 할 수 있습니다. 우리가 일상적으로 현금으로 분류하는 화폐뿐만 아니라 은행예금, 그리고 가까운 시일 내에(3개월) 현금으로 바꿀 수 있는 채권도 회계상으로는 현금에 포함됩니다. 그래서 회계에서는 현금이라는 단어보다는 **현금 및 현금등가물**이라는 단어를 더욱 일반적으로 사용하고 있습니다.

2. 매출채권

매출채권이란 재화와 용역의 공급의 결과로서 고객으로부터 받아야 할 금액을 의미합니다. 즉, 우리가 일반적으로 장사할 때 말하는 외상값이 곧 매출채권을 의미하는 것입니다. 사업을 할 때 거래처에 매출을 한 후 현금으로 물건값을 바로 받는 경우도 있으나 일반적으로는 외상으로 거래하는 경우가 대부분인데, 이때 매출채권이라는 계정이 발생하는 것입니다.

▶▶ 외 상 매 출

거래의 인식	분개
<u>거래</u> A사에 샴푸 1개(1,000원)를 외상으로 매출하다.	차변 대변 매출채권(자산) 1,000 매출(수익) 1,000

<u>분석</u> 미래에 받을 돈이 생기므로 매출채권이라는 자산계정이 증가하는 것이고, 이러한 거래 대가로 발생하는 매출채권으로 인해 주주의 몫이 일정 부분 증가하게 되니 매출이라는 수익계정이 발생하는 것입니다.

회사의 판매처가 정상 거래처라면, 회사는 일정 기간이 지난 후 매출채권을 현금화합니다. 즉, 현금을 회수하게 되는 것입니다. 이러한 수금이 발생했을 때 매출채권 계정은 감소합니다.

▶▶ 매 출 채 권   회 수

거래의 인식	분개
<u>거래</u> A사의 외상대금 1,000원을 수금하다.	차변 대변 현금(자산) 1,000 매출채권(자산) 1,000

<u>분석</u> 현금이 유입되었으므로 현금이라는 자산이 증가한 것이고, 돈을 받을 수 있는 권리가 사라졌으므로 매출채권이라는 자산이 감소한 것입니다.

정상적인 거래처에 매출을 한 경우라면 현금을 수금하는 것이 당연한 일이겠으나, 만일 재무구조가 나쁜 거래처와 거래를 했다면 회사는 돈을 못 받을 수도 있습니다. 그래서 **대손상각비**라는 개념이 나오게 된 것입니다.

대손상각비란, 거래처에 부여한 신용에 대한 대가입니다. 즉, 돈을 못 받아서 발생하는 손해라고 할 수 있는 것입니다. 대손상각비를 회계 처리하는 방법으로는, 돈을 못 받게 되었을 때 매출채권에서 직접 차감하는 **직접차감법**과 매출 시점에서 외상 위험을 비용으로 인식하여 자산의 상대계정인 대손충당금으로 회계처리하는 **충당금설정법**이 존재합니다.

직접차감법의 경우는 수금이 불가능해졌을 때 비용을 처리하기 때문에 간편하다는 장점이 있으나, 발생한 비용을 수익과 대응시킬 수 없다는 단점 때문에 외부 감사의 의무가 없는 소규모 사업자의 경우가 주로 사용합니다.

충당금설정법은 외상으로 매출할 때 그 외상에 대한 위험을 인식하는 것이기 때문에, 매출이라는 수익과 비용이라는 대손상각비를 대응시킬 수 있는 장점이 있으나 직접차감법보다는 복잡하다고 할 수 있습니다.

충당금을 설정하는 방법으로는, 대손상각비가 손익계산서 계정과목인 매출과 연관이 깊다는 관점에서 매출에 대한 일정 비율을 대손상각비로 처리하는 **손익계산서 접근법**과, 대손상각비는 대차대조표 계정과목인 매출채권과 연관이 깊다는 관점에서 매출채권에 대한 일정 비율을 대손상각비로 처리하는 **대차대조표 접근법**이 있습니다.

손익계산서 접근법은 매출액에 하나의 상각률을 적용하기 때문에 계산이 쉽다는 장점이 있는 반면 계산이 정확하지는 않다는 단점도 있습니다. 대차대조표 접근법은 일정 시점의 매출채권을 분석하여 오래된 채권에는 높은 상각률을 적용하고 오래되지 않은 채권에는 낮은 상각률을 적용하기 때문에, 정확하다는 장점은 있으나, 시간이 많이 소요된다는 단점이 있습니다.

일반적으로 연중에는 내부정보 이용자에게 정보를 제공하는 것이므로 빠른 정보제공이 가능한 손익계산서 접근법을 사용하고, 연말에는 외부정보이용자도 정보를 이용할 수 있으므로 정확한 금액을 제공하는 대차대조표 접근법과 혼합하여 사용하는 **혼합법**을 주로 사용합니다.

▶ 대 손 충 당 금   설 정

거래의 인식	분개	
거래 매출액의 1%를 대손충당금으로 설정하기로 결정하다. (매출 1,000원)	차변 대손상각비(비용) 10	대변 대손충당금(자산 상대계정) 10
분석 매출이라는 수익을 달성하기 위하여 매출채권을 희생하는 것이므로 대손상각비라는 비용이 발생한 것이고, 채권의 가치가 줄어든다는 것이므로 대손충당금이라는 자산의 상대계정이 증가한 것입니다.		

여기서 대손충당금이라는 계정이 등장하는데, 이러한 계정들을 일컬어 **상대계정**이라는 말을 사용합니다.

대표적인 상대계정으로는 매출채권 계정의 상대계정인 **대손충당금 계정**과 유형자산 계정의 상대계정인 **감가상각충당금 계정**을 들 수 있습니다. 이러한 상대계정의 특징은 본 계정의 바로 하단에 음수(-)로 표시되어 본 계정을 총액과 순액으로 구분하여 표시할 수 있도록 돕는 것입니다.

이렇게 계정을 본 계정과 상대계정으로 쓰는 것을 **간접법**으로 표시한다고 하는데, 이러한 표시는 정보 이용자에게 해당 계정에 대한 더 많은 정보를 제공하기 위함입니다. 매출채권의 경우 순액으로 표시할 때는 알 수 없었던 원금과 받기 어려워질 수 있는 금액에 대한 정보를 제공하고, 유형자산의 경우 취득가액과 함께 얼마나 노후화된 자산인가에 대한 정보를 제공합니다.

상대계정의 경우는 **차감계정**이라는 말로 바꾸어 사용하기도 하는데 이는 상대계정이 본 계정의 음수(-)로 표시된다는 특징에서 기인한 것입니다. 따라서 상대계정의 증가는 본 계정의 감소를 의미한다고 할 수 있습니다. 예를 들면 대손충당금 계정의 증가는 매출채권 계정의 감소를 의미하고, 감가상각충당금 계정의 증가는 유형자산 계정의 감소를 의미하는 것입니다.

그런데 시간이 지나면 실질적으로 회수를 못하게 되는 경우도 발생을 하는데, 그러한 경우 회사는 실질적으로 대손이 확정되었음을 기록하기 위하여 대손충당금 계정을 매출채권 계정으로 바꾸어주어야 합니다. 대손충당금은 미래에 발생할 것을 예상하여 처리한 가계정이기 때문에 본 계정이 확정되었을 경우는 본 계정으로 바꾸어주어야 하는 것입니다.

▶▶ 대 손 확 정

거래의 인식	분개	
	차변	대변
거래 A사의 매출채권 5원이 회수 불능으로 판명되다.	대손충당금(자산 상대계정) 5	매출채권(자산) 5

분석 매출채권을 못 받게 되었으므로 매출채권이라는 자산계정이 감소할 것이고, 회수 불능이 확정되었으므로 대손충당금이라는 자산의 상대계정도 함께 감소하는 것입니다.

3. 재고자산

회사가 사업을 원활히 수행하기 위해서는 판매할 물건을 어느 정도 창고에 보관하고 있어야 할 것입니다. 아무리 창고가 비좁아도, 손님이 들어오면 그제서야 물건을 구하러 가는 가게는 이용할 필요가 없는 것입니다. 이처럼 사업을 운용할 때는 판매할 물건을 어느 정도 창고에 보관해놓는데 이를 가리켜 재고를 보유하고 있다고 얘기합니다. 이처럼 **재고자산**이라 함은 정상적인 영업활동 과정에서 판매를 목적으로 보유하고 있는 자산을 일컫는 회계용어입니다. 재고자산의 종류로는 도매상들이 판매하는 상품(구매된 완성품), 제조업체들이 판매하는 제품(제조된 완성품), 제품을 만드는 데 사용하는 원재료 등이 있습니다.

재고자산에 대해서 공부할 때 가장 먼저 궁금한 것은 취득원가를 결정하는 문제일 것입니다. 재고자산의 취득원가는 어떻게 결정이 되는가? 재고자산의 취득원가도 다른 모든 자산의 취득원가와 마찬가지로 자산이 본래의 역할을 수행할 수 있는 상태가 되기까지 들어가는 모든 지출의 합계로 결정됩니다. 상품의 경우는 가게에 진열되기까지 들어가는 모든 지출이 취득원가이고, 제품의 경우는 공장에서 출고될 때까지 들어간 모든 지출이 제품의 취득원가가 되며, 원재료의 경우는 원료 창고에 입고 되어 생산에 사용될 수 있는 상태에 이르기까지 들어가는 모든 지출이 취득원가입니다. 즉, 취득원가에는 매입가액뿐만 아니라 창고까지 배달하는 데 들어가는 운반비를 더하고, 하자가 있는 물품에 대하여 가격을 할인해주는 매입할인과 외상대금을 일찍 갚아줌으로 가격을 할인해주는 매입할인을 감해서 계산되는 총 지출액을 의미하는 것입니다.

▶▶ 외 상 구 매

거래의 인식	분개	
<u>거래</u> B사로부터 샴푸 1개(1,000원)를 외상으로 구매하다.	차변 상품(자산) 1,000	대변 매입채무(부채) 1,000

<u>분석</u> 상품이 유입이 되었으므로 상품이라는 자산이 증가하였고, 외상으로 매입함으로 인해 채무가 발생하였으므로 매입채무라는 부채가 증가하였습니다.

▶▶ 외 상 대 금 지 급

거래의 인식	분개	
<u>거래</u> 운송회사에 운송료 10원을 지불하다.	차변 상품(자산) 10	대변 현금(자산) 10

<u>분석</u> 상품을 판매할 수 있는 상태까지 만드는 데 들어간 지출이기 때문에 이는 취득원가를 구성하게 되어 상품이라는 자산을 증가시킵니다. 그리고 현금이 유출되었으므로 현금이라는 자산이 감소한 것입니다.

▶▶ 매 입 에 누 리

거래의 인식	분개	
<u>거래</u> 샴푸의 라벨 불량으로 인하여 매입 에누리 100원을 매입채무에서 차감하다.	차변 매입채무(부채) 100	대변 상품-매입 에누리(자산) 100

<u>분석</u> 상품의 판매시점 전에 매입채무를 할인해준다는 것은 상품을 낮은 가격에 구매한 것과 동일하므로 상품의 취득원가를 줄이게 되며 이는 상품이라는 자산을 감소시키는 것입니다. 그리고, 매입 채무를 일부 면제해주었으므로 매입채무라는 부채가 감소한 것입니다.

▶▶ 매 입 할 인

거래의 인식	분개	
<u>거래</u> 외상대금을 일찍 지불했더니 50원을 추가로 할인해주어 850원을 현금 지급하다.	차변 매입채무(부채) 900	대변 현금 (자산) 850 상품-매입 할인(자산) 50

<u>분석</u> 매입채무의 일부를 할인 받았다는 것은 자산을 저가로 구매한 것을 의미하며 이는 상품의 취득원가의 감소를 의미합니다. 따라서 상품이라는 자산이 감소한 것입니다. 매입채무에 대한 부담이 없어졌으므로 매입채무라는 부채가 감소한 것이고, 현금이 유출되었으므로 현금이라는 자산이 감소한 것입니다.

공급자의 입장에서는 구매자가 외상대금을 일찍 갚는다면 대금을 못 받을 위험도 사라지고 사업을 운용하기 위해 돈을 차입할 필요도 없으니, 공급자는 외상대금을 일찍 갚는 것에 대해 당근을 지급할 필요가 있는 것입니다. 그래서 자신의 재산을 일부 희생하더라도 일찍 현금을 받고 싶어하기 때문에 외상대금을 일찍 갚는 사람에게 채권금액을 일부 감해주는데 이것을 **매입할인**이라고 합니다. 구매자 입장에서는 회사가 해당 기간 동안 은행에 저금하여 얻을 수 있는 이자금액보다 거래처에서 할인해주는 금액이 크다면 일찍 갚는 것이 더 남는 장사이기 때문에 매입할인을 이용하게 되는 것입니다.

재고자산은 판매를 위해 보관하고 있는 자산입니다. 따라서 언제든지 판매가 되면 회사에서 빠져나갈 수 있는 자산인 것입니다. 재고자산이 고객에게 이전되었을 때, 이러한 재고자산의 유출은 매출을 달성하기 위하여 재고자산을 사용한 것에 해당하므로 비용계정인 **매출원가**가 발생하게 되는 것입니다.

▶▶ 매 출 및 매 출 원 가 인 식

거래의 인식	분개	
<u>거래</u> A사에 샴푸 1개를 매출하고 매출원가를 인식하다. (취득원가 1,000원, 판매가격 1,500원)	차변 현금(자산) 1,500 매출원가(비용) 1,000	대변 매출(수익) 1,500 상품(자산) 1,000

<u>분석</u> 상품을 공급함에 따라 현금이 유입될 것이므로 주주지분이 증가합니다. 따라서 매출이라는 수익이 발생한 것입니다. 매출을 일으키기 위해 상품을 사용하였기 때문에 상품이라는 재고자산의 유출로 인해 주주지분이 감소합니다. 따라서 매출원가라는 비용이 발생한 것입니다. 또한 현금이 유출되었으므로 현금이라는 자산이 증가하고, 상품이 유출되었으므로 상품이라는 자산이 감소한 것입니다.

지금 운영하는 사업이 소규모이고 재고의 수량이 많지 않다면, 우리는 팔려나간 재고자산이 어느 것이고 남아 있는 재고자산이 어느 것인지 일일이 다 확인하여 팔려나간 재고금액(매출원가)과 보유 중인 재고금액(기말 재고)를 계산해낼 수 있을 것입니다. 그러나 품목과 수량이 증가하기 시작한다면 일일이 확인하여 매출원가와 기말 재고를 계산하는 것은 사실상 불가능한 일이라고 할 수 있습니다. 그래서 매출원가와 기말재고의 금액을 결정하는 방법들이 등장했는데, 금액의 구성요소인 수량을 결정하는 방법과 단가를 결정하는 방법으로 나누어 설명하도록 하겠습니다.

우선 재고수량을 결정하는 방법으로는 입출고시 수량을 계속 기록하여 기말재고 수량을 계산해내는 **계속기록법**과 입고만 기록한 후 재고조사를 통해 기말재고 수량을 확인하여 출고수량을 역산해내는 **실지재고조사법**이 존재합니다. 그러나, 계속기록법 및 실지재고조사법 한 가지만을 사용해서는 도난 및 분실을 발견해낼 수 없다는 단점이 있으므로 이 두 가지 방법을 함께 사용하여 입출고 시마다 기록하고 일정시점에서 재고조사를 하는 **혼합법**을 일반적으로 사용합니다.

구매단가의 경우도 시시때때로 변할 수 있기 때문에 모든 재고자산 하나하나에 대한 구매단가를 확인한다는 것 또한 불가능합니다. 따라서 실지 재고의 물량의 흐름과 관계없이 물량의 흐름에 가정을 두어 단가를 계산하게 되는데, 이러한 가정을 **원가흐름의 가정**이라고 합니다. 즉, 물건은 대체로 어떤 순서대로 창고에서 빠져나가더라는 가정을 하는 것입니다. 원가흐름의 가정에는 '먼저 들어온 물건이 무조건 먼저 빠져나간다' 고 가정하는 **선입선출법**과 '나중에 들어온 물건이 먼저 빠져나간다' 고 가정하는 **후입선출법**, 그리고 '창고에 들어온 순서와 아무 상관없이 빠져 무작위로 창고에서 빠져나간다' 고 가정하는 **평균법**이 존재합니다.

4. 투자자산

투자자산은 고유목적사업과 관계없이 보유하고 있는 자산을 의미합니다. 투자자산의 대표적인 예로는 타 회사를 지배할 목적으로 보유하는 투자 주식과 사무실 임차시점에서 지급하는 보증금을 들 수 있습니다. 똑같은 삼성전자 주식을 보유한다 하더라도, 삼성에버랜드가 보유하고 있으면 타 회사를 지배할 목적으로 보유하고 있는 것이기 때문에 투자자산으로 분류가 됩니다. 반면 삼성증권이 보유하고 있으면 고유사업과 관련이 있으므로 재고자산으로 분류될 수 있는 것입니다. 투자 주식의 경우는 계속 가치가 변동하므로 주식가치의 평가가 중요한데, 보유회사가 얼마나 영향력을 행사할 수 있느냐에 따라 평가 방법이 결정이 됩니다. 완전히 지배를 할 수 있는 경우(50%이상)에는 동일한 회사로 간주하여 하나의 재무제표(연결재무제표)를 작성합니다. 이와 달리 어느 정도 영향력을 행사할 수 있는 경우(20%~50%)는 하나의 실체라고 볼 수는 없으나 배당 및 의사결정에 막대한 영향을 행사할 수 있으므로, 상대회사에 대한 이익 및 손실을 공유할 수는 있는 수준은 된다고 간주하여 상대방의 손익에 보유비율을 곱한 금액을 인식하는 지분법을 사용하는 것입니다. 그리고 상대방에 대한 영향력을 행사할 수 없는 경우(20% 미만)에는 보유회사의 행동이 상대회사에 영향을 미칠 수 없으므로 시장에서 거래되는 주식의 경우는 시장가격으로 평가하고, 시장에서 거래되는 주식이 아닌 경우는 가치를 객관적으로 계산할 수 없으므로 취득원가로 평가합니다.

▶▶ 투 자 유 가 증 권 취 득

거래의 인식	분개	
거래 투자 목적으로 A사 주식(@1,000원)을 10주 구매하다.	차변 투자유가증권(자산) 10,000	대변 현금(자산) 10,000

분석 회사에 주식이 유입되므로 투자유가증권이라는 자산이 증가하고, 현금이 유출되므로 현금이라는 자산이 감소합니다.

▶▶ 투 자 유 가 증 권 평 가

거래의 인식	분개	
거래 연말에 주식시장 주당 거래 단가가 @1,200원 임을 확인하였다.	차변 투자유가증권(자산) 2,000	대변 투자유가증권 평가이익(자본) 2,000

분석 주식의 가치가 증가했으므로 투자유가증권이라는 자산이 증가(@200×10주)하는 것이고, 영업활동이 아닌 자본거래를 통해 주주의 몫이 증가했으므로 투자유가증권 평가이익이라는 자본이 증가한 것입니다.

▶▶ 투 자 유 가 증 권 매 각

거래의 인식	분개	
거래 10주를 시장에 14,000원 (@1,400원)에 매각하다.	차변 현금(자산) 14,000 투자유가증권 평가이익(자본) 2,000	대변 투자유가증권(자산) 12,000 유가증권 처분이익(수익) 4,000

분석 투자유가증권이 유출되었으므로 투자유가증권이라는 자산과 투자유가증권 평가이익이라는 자본이 감소되었고, 현금이 유입되었으므로 현금이라는 자산이 증가하였습니다. 그리고 주식의 거래를 통해 주주의 몫이 증가하였으므로 투자유가증권 처분이익((@1,400-@1,000)×10주)이라는 수익이 발생하였습니다.

보증금이란 영업활동을 하면서 거래 상대방에게 지불한 금액으로서 나중에 돌려받을 수 있는 금액을 처리하는 계정과목입니다. 우리는 일상생활에서 전세금이라는 걸 흔히 접할 수가 있는데, 전세금은 회계에서 말하는 보증금의 한 종류라고 할 수 있습니다. 전세금이란 것은 개인이 주택을 임대했을 때 발생을 하며 사업을 할 때는 사무실을 임대할 때 발생하는 임대보증금이 일반적입니다.

▶ 보증금 및 임차료 지급

거래의 인식	분개	
	차변	대변
거래 사무실을 임대하면서 건물주에게 임차보증금 10,000원을 지불하고, 월 임대료 1,000원 지불하다.	보증금(자산) 10,000 임차료(비용) 1,000	현금(자산) 11,000

분석 10,000원은 나중에 돌려받을 수 있기 때문에 미래의 현금의 유입을 만들 수 있는 거래이므로 보증금이라는 자산의 증가인 것이고, 1,000은 돌려 받을 수 없기 때문에 수익을 창출하기 임차료로 사용된 현금자산으로서 주주의 지분을 감소시킴으로 임차료라는 비용이 발생한 것입니다. 그리고, 현금이 유출되었으므로 현금이라는 자산이 감소한 것입니다.

▶ 보증금 회수

거래의 인식	분개	
	차변	대변
거래 임차기간이 만료하여 보증금 10,000원을 돌려 받다.	현금(자산) 10,000	보증금(자산) 10,000

분석 보증금을 돌려받았기 때문에 보증금이라는 자산이 감소했고, 현금이 유입되었기 때문에 현금이라는 자산이 증가했습니다.

5. 유형자산

조그만 구멍가게를 운영한다 하더라도 우선 슈퍼를 차릴 건물이 필요하며 상품을 진열할 진열대, 돈을 넣어둘 금고 등이 필요합니다. 이처럼 사업을 운용하기 위해서는 판매를 목적으로 보유하고 있는 재고자산 이외에도 영업활동을 위해 사용되는 물건들이 있어야 하는데 이를 **유형자산**이라고 말합니다. 즉, 물리적 형태가 있는 물건으로서 영업활동에 사용되는 자산입니다. 대표적인 유형자산으로는 토지, 건물, 기계장치, 차량 운반구가 있습니다.

세상에 존재하는 모든 것들에는 생성-유지-소멸의 과정이 존재하듯이, 유형자산도 취득하는 과정, 사용되는 과정, 그리고 매각 또는 폐기하는 과정이 존재합니다. 취득하는 과정에서는 '취득원가를 어떻게 결정할 것인가?' 그리고 사용하는 중에는 '사용 중에 발생하는 추가적 지출을 어떻게 처리할 것인가?' 또 '총지출을 얼마나 합리적으로 수익과 대응시킬 것인가?' 그리고 매각 시에는 '매각에 대한 회계처리는 어떻게 할 것인가?' 가 주요한 관심사가 될 것입니다.

취득가격의 결정에 있어서는 유형자산도 다른 자산의 취득원가와 마찬가지로 본래의 용도로 사용될 때까지 들어가는 모든 지출이 자산의 취득원가를 구성합니다. 만일, 차량운반구를 구매했다면 차량운반구가 운송을 시작할 때까지 들어가는 운송비, 설치비, 시운전비 등의 모든 지출이 취득원가에 포함되어야 하는 것입니다.

▶ 유형자산 취득

거래의 인식	분개	
거래 봉고차를 1,000원에 취득하고, 취득세 및 등록세를 10원 납부하고, 탁송료 90원을 지급하다.	차변 차량운반구(자산) 1,100	대변 현금(자산) 1,100

분석 봉고차 가격(1,000원) 뿐만 아니라, 취득세 및 등록세(10원), 탁송료(90원)도 봉고차 본래의 용도인 운행이라는 용도를 달성하기 이전에 지출된 금액이므로 봉고차의 취득원가를 구성하게 됩니다. 따라서 차량운반구라는 유형자산이 증가하게 되고, 구매로 인해 현금이 유출되었으므로 현금이라는 자산은 감소한 것입니다.

유형자산이 본래의 용도로 사용될 때까지 들어간 지출은 취득원가를 구성한다고 하였습니다. 그렇다면 본래의 용도로 사용되는 중에 발생하는 지출은 어떻게 처리해야 할까요? 여기에서 수익적 지출과 자본적 지출이라는 개념이 나옵니다. **수익적 지출**이란 본래의 용도를 유지시키는 용도로 사용된 지출로서 비용으로 분류되고, **자본적 지출**이란 본래의 자산가치를 증가시켜주는 지출로서 자산으로 분류됩니다. 비용으로 회계처리하면 수익을 줄이기 때문에 수익에 영향을 준다고 하여 수익적 지출이라 말하는 것이고, 자산으로 처리하면 수익에 영향을 주지 않기 때문에 주주의 몫인 자본에 감추어져 있다고 해서 자본적 지출이라 말하는 것입니다.

▶ 자본적 지출

거래의 인식	분개	
거래 봉고차의 배달 용량을 늘리기 위하여 탑차를 100원에 장착하다.	차변 차량운반구(자산) 100	대변 현금(자산) 100

분석 배달 용량을 늘린다는 것은 본래의 자산가치를 증가시키는 지출에 해당하므로 자본적 지출로서 차량운반구라는 자산이 증가하고, 이로 인해 현금이 유출되었으므로 현금이라는 자산이 감소하는 것입니다.

▶▶ 수익적 지출

거래의 인식	분개	
<u>거래</u> 타이어가 노후하여 타이어를 10원에 교체하다.	차변 차량유지비(비용) 10	대변 현금(자산) 10

<u>분석</u> 타이어의 교체는 본래의 자산가치를 증가시켰다고는 할 수는 없고, 단지 운행이라는 화물차 본래의 용도를 유지하기 위한 지출에 해당하므로 수익적 지출로 보아야 합니다. 수익적 지출은 해당 지출을 수익을 얻기 위한 주주 몫의 희생으로 보는 것이므로 차량유지비라는 비용이 발생한 것입니다. 그리고, 이로 인해 현금이 유출되었으므로 현금 자산이 감소한 것입니다.

자산은 수익을 오랜 기간 동안 창출할 수 있는 것이지 무한정으로 사용할 수 있는 것은 아닙니다. 이처럼 유형자산이 가지고 있는 수명을 회계에서는 **내용연수**라고 합니다. 그리고 수명이 다했을 때에 매각해서 받을 수 있는 금액을 **잔존가치**라고 합니다. 또 수익 창출을 위해 자산이 사용되는 기간 동안 가치의 감소액을 배분하는 과정을 **감가상각**이라고 합니다. 감가상각은 유형자산의 가치 감소가 어떻게 진행되느냐에 대한 가정에 따라 그 방법이 정해집니다. 일반적으로 가장 널리 사용되는 감가상각방법은 정액법과 정률법이 있습니다. **정액법**은 가치의 감소가 시간이 경과됨에 따라 균등하게 감소된다는 가정하에 내용연수 동안 균등하게 감가상각비를 배분하는 것입니다. 건물의 경우는 구 모델이라 하여 가치가 급격히 떨어지지 않으므로 이러한 자산에는 정액법을 적용하는 것이 합리적입니다.

▶▶ 감가상각비 인식 - 정액법

거래의 인식	분개	
<u>거래</u> 건물 감가상각비를 인식하다. (감가상각방법: 정액법, 취득가액: 10,000, 내용연수 40년, 잔존가치 0)	차변 감가상각비(비용) 250	대변 감가상각충당금(자산의 상대계정) 250

<u>분석</u> 취득가액이 10,000원인 건물을 40년 동안 동일한 금액을 감가상각비로 배분하여야 하므로 10,000×1/40 = 250원을 감가상각비라는 비용의 발생으로 처리하고, 유형자산의 가치가 감소한 것이므로 감가상각충당금이라는 자산의 상대계정이 증가한 것으로 처리합니다.

정률법이란 시간이 지나면 지날수록 유지비 등의 체증으로 인하여 초기에는 수익이 많이 발생하고 후기로 갈수록 수익이 적게 발생한다는 가정 하에, 수익이 많이 발생하는 초기에 비용을 많이 배분하고 후기로 갈수록 비용을 적게 배분하는 가속상각 방식입니다. 미 상각 잔액(취득원가−감가상각충당금)에 일정률을 적용하여 계산한 금액을 감가상각비로 배분하는 방법이라 할 수 있습니다. 자동차의 경우 매년 신모델이 출시되고, 보통 보증수리기간이 지나면 급격히 수리비가 증가하는 경향이 있으므로 수익이 많이 발생하는 초기에 많은 금액을 배분하고 수익이 적게 발생하는 후기에 적은 금액을 배분하는 정률법을 적용하는 것이 합리적일 것입니다.

▶▶ 감 가 상 각 비   인 식 – 정 률 법

거래의 인식	분개	
	차변	대변
거래 취득가액 1,200원의 봉고차 감가상각비 계산하다. (감가상각 방법: 정률법, 내용연수: 5년, 잔존가치: 0)	(첫째 해) 감가상각비(비용)[주석1] 542 (둘째 해) 감가상각비(비용)[주석2] 322	감가상각충당금(자산) 542 감가상각충당금(자산) 322
	주석1 (1,200 − 0)×0.451 = 542 주석2 (1,200 − 542)×0.451 = 298	

분석 취득가액이 1,200원인 봉고차를 5년 동안 동일한 상각률을 사용하여 비용 배분을 하여야 하므로 미 상각 잔액(취득가액−전기감가상각충당금)에 0.451을 곱한 금액을 감가상각비라는 비용의 발생으로 처리하고, 유형자산의 가치가 줄어든 것이므로 감가상각충당금이라는 자산의 상대계정이 증가한 것으로 처리합니다.

유형자산이 수명이 다하게 된다면 더 이상 회사의 영업활동에 사용할 수 없기 때문에 유형자산을 폐기 또는 매각 하여야 합니다. 매각 또는 폐기 시에는 이러한 처분가액이 장부가액과 일치하지 않음으로 인해 유형자산 처분 손익 계정이 발생할 수 있는데, 처분가액이 장부가액보다 크면 유형자산 처분이익이 발생하고, 처분가액이 장부가액보다 작으면 유형자산 처분손실이 발생하게 됩니다.

▶ 유형자산의 처분

거래의 인식	분개	
<u>거래</u> 사용중인 봉고차를 600원에 매각하다. (취득가액 1,300원, 감가상각충당금 800원)	차변 감가상각충당금(자산) 800 현금(자산) 600	대변 차량운반구(자산) 1,300 유형자산처분이익(수익) 100

<u>분석</u> 봉고차가 회사에서 없어지는 것이므로 차량운반구라는 자산계정과 감가상각충당금이라는 자산의 상대계정이 감소하는 것이고, 이로 인해 현금이 유입되므로 현금이라는 자산이 증가하는 것입니다. 그리고, 상기 거래로 인해 주주의 몫이 증가하게 되었으므로 유형자산 처분이익(처분가액 600 − 장부가액 500)이라는 수익이 발생한 것입니다.

II. 부채

부채(Liabilities)란 외부인에 대한 조직의 채무 또는 외부인에 의한 자산의 청구권을 말합니다. 즉, 채무자에게 갚아야 할 빚을 의미한다고 할 수 있습니다.

1. 매입채무

매입채무란 재화와 용역의 공급을 받은 결과로서 회사가 지불해야 할 채무금액을 의미합니다. 즉, 외상으로 구매한 것을 말하는 것입니다. 사업을 할 때 현금으로 물건을 구매하는 경우도 있지만 대부분의 매입은 외상으로 매입하고 일정한 기간 후에 지불하는 것이 일반적인데, 이렇게 현금으로 지급하지 않고 외상으로 매입함으로써 발생하는 채무를 일컬어 **매입채무**라고 말합니다.

▶▶ 외상 매입

거래의 인식	분개	
거래 판매를 목적으로 A사로부터 외상으로 샴푸 5개(@10원)를 구매하다.	**차변** 상품(자산) 50	**대변** 매입채무(부채) 50
분석 상품이 유입되었으므로 상품이라는 자산이 증가했고, 이로 인해 현금이 유출되었으므로 현금이라는 자산이 감소했습니다.		

▸ 외상매입 대금 지급

거래의 인식	분개	
<u>거래</u> 지급 기일이 도래하여 매입채무 50원을 현금 지급하다.	차변 매입채무(부채) 50	대변 현금(자산) 50

<u>분석</u> 매입채무의 부담에서 벗어났으므로 매입채무라는 부채가 감소한 것이고, 현금이 유출되었으므로 현금자산이 감소한 것입니다.

2. 차입금

작은 슈퍼를 운영해도 임차료를 지급하고, 재고를 구매하고, 직원 월급을 주기 위해 일정 수준의 종자돈이 필요한데 이를 **운용자금**이라고 합니다. 어딘가에서 이러한 자금을 가져오는 것을 일컬어 **자금의 조달**이라고 말합니다. 자금 조달 방법을 크게 두 가지로 분류하면, 가게주인이 본인 보유의 자금을 직접 사용하는 **출자**가 있고, 타인에게서 자금을 빌려오는 **차입**이 있습니다. 후자처럼 제3자로부터 자금을 조달하면 타인에 대한 채무가 발생하는데 이렇게 자금을 조달하기 위하여 발생한 채무를 **차입금**이라고 말합니다.

차입금은 상환 기일이 언제 도래하느냐에 따라 단기차입금과 장기차입금으로 구분이 되는데, 대차대조표일 말 현재 1년 이내에 상환 기일이 도래하면 **단기차입금**, 1년 이후에 도래하면 **장기차입금**이라는 용어를 사용합니다.

돈을 차입한 경우에는 정해진 기간에 정해진 비율(이자율)의 금액을 채권자에게 사용료로 지급하여야 하는데 이를 **이자비용**이라고 말합니다.

이자비용의 경우는 시간이 지나면 지급하여야 할 금액이 합리적으로 계산이 되고 지급의무가 확정되므로, 일정 시점이 되면(보통 연말) 지급 기일이 도래하지 않았다 하더라도 발생한 금액을 비용으로 인식하여야 합니다. 이러한 미지급 이자의 인식은 현금의 입출금과 관계없이 결정적인 사건이 발생했을 경우에 거래를 인식하는 발생주의 회계의 대표적인 예라고 할 수 있습니다.

▶ 차 입

거래의 인식	분개	
거래 B은행으로부터 100,000원 차입하다. (상환일 6개월 후 원금과 이자 일시 상환, 연이율: 5%)	차변 현금(자산) 100,000	대변 단기차입금(부채) 100,000

분석 B은행에 갚아야 하는 채무가 발생했으므로 차입금이라는 부채가 증가한 것이고, 차입으로 인하여 현금이 유입되었으므로 현금이라는 자산이 증가한 것입니다.

▶ 미지급 이자 인식

거래의 인식	분개	
거래 연차 마감을 위하여 3개월 발생 이자를 인식하다.	차변 이자비용(비용) 1,250	대변 미지급 이자(부채) 1,250

분석 3개월간의 이자 1,250원(100,000×5%×3/12)은 사업을 운영하기 위하여 사용할 현금이므로 주주지분이 그만큼 감소한 것입니다. 따라서, 이자비용이 발생했습니다. 또한, 이자 지급에 대한 채무가 발생했으므로 미지급 이자라는 부채가 증가했습니다.

▶ 차입금 상환 및 이자 지급

거래의 인식	분개	
거래 차입금에 만기일이 도래하여 차입금 원금(100,000원)과 이자(2,500원)를 지급하다.	차변 단기차입금(부채) 100,000 미지급 이자(부채) 1,250 이자비용(비용) 1,250	대변 현금(자산) 102,500

분석 차입금 원금(100,000원)과 미지급 이자(1,250원)에 대한 상환 부담이 사라졌으므로 차입금과 미지급 이자라는 부채가 감소한 것이고, 당해 연도 이자 부분은 자금을 사용한 대가이므로 비용(1,250원)으로 인식합니다. 또한, 현금이 유출되었으므로 현금이라는 자산이 감소한 것입니다.

3. 퇴직급여충당금

사업주가 종업원을 고용하게 되면 사업주는 일정 기간(일반적으로 1년) 이상 근속한 종업원에게 퇴직금을 지급해야 할 의무가 생깁니다. 종업원은 근로를 제공함으로써 퇴직금을 받을 자격이 생기는 것이고 퇴직금 금액 또한 합리적으로 추정이 가능하므로 일정 시점(보통 연말)에 퇴직금에 대한 지급의무를 계산하여 인식하여야 하는데, 이처럼 종업원의 퇴직금과 관련하여 지불해야 하는 채무를 **퇴직급여충당금**이라고 합니다.

▶ **퇴직급여충당금 인식**

거래의 인식	분개	
<u>거래</u> 연말 전 직원의 퇴직금을 10,000원으로 추정하다. (단, 이전 설정액은 존재하지 않는다.)	차변 퇴직급여(비용) 10,000	대변 퇴직급여충당금(부채) 10,000

<u>분석</u> 퇴직금이란 사업을 운영하는 과정에서 발생하는 주주 몫의 희생에 해당하므로 비용으로 구분이 됩니다. 따라서, 퇴직금에 대한 지급의무가 확정될 때 퇴직급여라는 비용이 발생하고, 퇴직금 지급 채무가 증가하였으므로 퇴직급여충당금이라는 부채가 증가하는 것입니다.

▶ **퇴직금 지급**

거래의 인식	분개	
<u>거래</u> C사원 퇴직금으로 2,000원을 지급하다.	차변 퇴직급여충당금(부채) 2,000	대변 현금(자산) 2,000

<u>분석</u> 회사는 퇴직금 지급의 부담을 덜어냈으므로 퇴직급여충당금이라는 부채가 감소하고, 이로 인해 현금이 유출되었으므로 현금이라는 자산이 감소한 것입니다.

III 자본

자본(Capital)란 회사에 대한 주주의 지분이며 자산에서 부채를 차감한 금액을 의미합니다. 다시 말해서, 회사 주인이 순수 자기 몫으로 챙겨갈 수 있는 부분이라고 할 수 있습니다. 회사의 입장에서 본다면 부채나 자본 모두 누군가에게 갚아야 하는 빚이라는 점에서는 유사점을 가지고 있습니다.

단지 차이점은 그 대상에 있는 것입니다. 빚을 갚아야 할 대상이 채무자이면 부채로 구분되고, 그 대상이 주주인 경우는 자본에 해당하는 것입니다. 주주는 주인이기 때문에 빚을 갚는다는 것이 좀 이상하겠지만, 엄연히 법인(회사)도 독립된 인이기 때문에 회사의 입장에서 보면 주인에게 빚을 갚는다는 것이 가능한 것입니다.

고대에 노예가 주인에게 속해 있지만 노예가 돈을 빌렸을 때 주인한테 빌린 돈을 갚아야 하는 것과 비슷한 이치라고 할 수 있습니다.

1. 자본금

자본금은 주주가 회사에 투자한 금액을 말합니다. 사업을 운용하기 위해 자금을 조달하는 방법에는 제3자인 채무자에게서 조달하는 **차입**과 사업주 본인이 투자하는 **출자**라는 것이 있습니다. 후자를 택하여 자금을 조달했을 경우, 주주가 투자한 금액은 주주의 입장에서는 출자금이고, 회사의 입장에서는 자본금이라고 합니다.

주주는 배당을 받을 목적으로 회사에 돈을 투자하고, 채무자는 이자를 받을 목적으로 돈을 빌려주는 것입니다. 주주가 출자한 돈은 회사가 존립하는 한 갚을 필요가 없으나, 제3자에게 빌린 돈은 정해진 기간이 도래하면 갚아야 합니다. 배당은 사업 실적에 대한 주주의 몫을 계산한 이후의 지출이므로, 사업 실적에 따른 주주의 몫을 계산하는 과정에 있는 당기순이익 계산에서는 제외되어야 합니다.

▶▶ **출 자**

거래의 인식	분개	
거래 주주가 100,000원을 현금으로 출자하다.	차변 현금(자산) 100,000	대변 자본금(자본) 100,000

분석 주주의 지분(주주에 대한 채무)이 증가하였으므로 자본금이라는 자본이 증가했고, 출자에 따라 현금이 유입되었으므로 현금이라는 자산이 증가했습니다.

2. 이익잉여금

이익잉여금이란 기업이 사업을 통해 벌어들인 수입으로서 주주에게 주지 않고 회사에 가지고 있는 수입을 의미합니다. 이익잉여금은 이미 사용처를 정해놓은 **기처분 이익잉여금**과, 사용처에 대하여 아무것도 정해진 것이 없는 **미처분 이익잉여금**으로 구분할 수 있습니다.

손익계산서에서 계산된 당기순이익이 대차대조표의 이익잉여금으로 넘어오면 주인에게 벌어들인 돈을 나누어주는 절차인 배당을 하거나, 특정한 사용처를 지정하여 이익잉여금을 적립하게 되는데, 그 후에도 남는 금액이 존재하면 이를 일컬어 미처분 이익잉여금이라고 하는 것입니다.

IV
수익과 비용

수익이란 재화나 용역의 공급에 대한 교환으로서 받게 된 자산의 증가로부터 발생하는 주주지분의 증가를 말합니다. 즉, 사업을 통해 발생하는 주인의 몫의 증가입니다.

비용이란 고객에게 재화 및 용역을 제공함으로 인해 발생하는 주주지분의 감소액을 말합니다. 즉, 주인이 돈을 벌기 위해 당장 사용하는 자원을 의미한다고 할 수 있습니다.

1. 수익의 인식 기준

수익은 금액을 합리적으로 측정할 수 있고 수익을 얻을 만한 자격이 있을 때 수익으로 인식합니다. 즉, 돈을 받을 만한 자격이 생기고 얼마를 받을 것인지 정확히 계산할 수 있으면 즉시 얼마만큼 벌었다고 기록하여야 하는데, 이를 실현주의라고 합니다. 이러한 실현주의에 따른 가장 일반적 수익의 인식 기준은 물건을 인도한 시점에 수익을 인식하는 인도기준이라 할 수 있습니다. 인도기준이 가장 일반적으로 사용되는 이유는, 일단 물건을 거래 상대방에게 넘기고 나면 충분히 돈을 받을 자격이 생기며, 얼마를 받을 것인지 알지 못하고 상대방에게 물건을 건넬 수는 없으므로 수익의 인식 조건을 대부분의 경우 충족시키기 때문입니다.

2. 비용의 인식 기준

비용은 관련된 수익이 인식된 시점에 인식하는 것이 가장 합리적이라 할 수 있습니다. 회계용어로는 이를 **수익·비용 대응의 법칙**이라고 하는 데, 실무에 적용할 때는 직접적인 인과관계가 성립하는 경우, 직접적인 인과관계는 명확하지는 않으나 발생한 원가가 일정 기간 수익 창출 활동에 기여하는 경우, 그 밖의 경우로 나누어서 적용합니다.

첫째, 직접적인 인과관계가 성립할 때의 경우는 수익을 인식하는 시점에서 관련 비용을 인식합니다. 대표적인 예로는 **매출원가**가 있습니다. 매출원가는 매출에 직접적인 연관 관계를 명확히 알 수 있으므로 제품이 팔린 그 시점에서 매출원가를 인식하는 것입니다. 둘째, 발생원가가 일정 기간 수익 창출에 기여하는 경우입니다. 직접적인 인과관계는 알 수 없으나 일정 기간 걸쳐서 수익 창출에 기여한다는 것을 알 수 있다면 수익 창출에 기여하는 기간 동안 합리적인 방법을 사용하여 체계적으로 배분하는 것이 가장 합리적인 수익·비용의 대응이라고 할 수 있는 것입니다. 셋째, 위의 두 가지 이외의 경우는 비용이 현재의 수익 창출을 위해 사용했다고 가정하여 발생시점에 바로 인식하는 것입니다. 회계에서는 **비용을 빨리, 수익은 늦게** 인식하려는 보수적인 관점을 더 선호하기 때문에 정확한 판단이 안 설 때에는 발생했을 때 인식하는 것이 가장 혼란을 피할 수 있는 방법이기 때문입니다.

V
현금흐름표

　IMF가 아시아의 경영 환경을 흔들어놓았던 1998년 경에는 흑자 도산이라는 말이 흔히 사용되었습니다. 기업의 손익계산서를 보면 당기순이익을 내고 있는데, 회사가 부도 상태가 되는 것을 말합니다. 이는 기업이 일시적인 자금 경색에 빠지는 경우에 발생하는 것으로, 현금의 유출 유입과 상관없이 결정적인 경제적 사건만 발생하면 수익과 비용을 인식할 수 있는 발생주의 개념을 기본으로 하여 작성된 재무제표인 손익계산서의 허점을 여실히 보여주었습니다.

　이에 따라 정보 이용자들은 점점 더 현금의 흐름에 관심을 갖게 되었는데, 그리하여 소개된 재무제표가 현금흐름표입니다. 현금흐름표는 기업의 현금의 입 출입을 영업·투자·재무로 나누어 현금이 사업연도 동안 어떻게 유입 또는 유출되었는가를 보여줍니다. 다시 말해 현금의 출입이 수익 비용 인식의 기준이 되는 현금주의 입장에서 작성된 재무제표라 할 수 있습니다.

　영업에 대한 현금흐름 부분은, 기업의 영업(고유목적사업)을 위한 활동인 구매, 생산, 판매 활동과 관련된 현금흐름을 표시하는 부분으로서 손익계산서, 유동자산, 유동부채가 영업과 관련 있는 계정과목들이라 할 수 있습니다.

　투자에 대한 현금흐름은 고유목적사업과 관련 없는 자산을 취득하고 매각

하는 것과 관련된 현금흐름으로서 계정과목으로는 투자자산, 유형자산, 무형자산이 있습니다.

재무에 대한 현금흐름은 기업의 자금 조달과 관련 있는 차입, 상환, 증자, 배당에 관련된 현금흐름으로서 계정과목으로는 차입금, 자본금, 이익잉여금 중 배당 부분이 해당됩니다.

현금흐름표는 현금계정의 관점에서 현금 이외의 계정과목들이 현금의 증감에 어떻게 영향을 주었는지를 표시하는 재무제표입니다. 즉, 차변 계정과목인 자산이 증가했다는 것은 상대계정인 현금이 대변에 기입되는 것이고 이는 현금의 감소를 의미하는 것입니다. 반대로 자산이 감소했다는 것은 자산을 대변에 기입하는 것을 의미하며, 상대계정인 현금은 차변에 기입하므로 이는 현금의 증가를 의미합니다. 그리고 대변 계정과목인 부채와 자본이 증가한다는 것은 상대계정인 현금을 차변에 기입했다는 것이고 이는 현금의 감소를 의미하는 것입니다. 반대로 부채와 자본이 감소했다는 것은 부채와 자본을 차변에 기입했다는 것이고 상대계정인 현금은 대변에 기입했으니 현금의 감소를 의미합니다. 이를 간단히 도표로 표시하면 아래와 같습니다.

- 자산의 감소, 부채의 증가, 자본이 증가(당기순이익 포함) – 현금의 증가
- 자산의 증가, 부채의 감소, 자본의 감소(당기순손실 포함) – 현금의 감소

현금흐름표를 작성하는 가장 간단한 방법은 대차대조표의 시점간 변동 금액을 계산하여 계정과목별 변동 금액을 영업, 투자, 재무에 대한 현금흐름으로 구분한 후 순서대로 나열하는 것입니다.

▶ 대 차 대 조 표

계정과목	당기	전기	변동액	구분
현금	100	50	50	현금증감
유동자산(매출채권)	200	250	−50	영업현금흐름(b)
재고자산	300	250	50	영업현금흐름(c)
고정자산	400	350	50	투자현금흐름(a)
유동부채(매입채무)	150	250	−100	영업현금흐름(d)
고정부채(차입금)	250	200	50	재무현금흐름(a)
자본금	350	250	100	재무현금흐름(b)
이익잉여금(당기순이익 50)	250	200	50	영업현금흐름(a)

▶ 현 금 흐 름 표

계정	금액
I. 영업에 대한 현금흐름	−50
1. 당기순이익	+50
2. 매출채권의 감소	+50
3. 재고자산의 증가	−50
4. 매입채무의 감소	−100
II. 투자에 대한 현금흐름	−50
1. 고정자산의 증가	−50
III. 재무에 대한 현금흐름	150
1. 차입금의 증가	50
2. 자본금의 증가	100
IV. 현금의 증감	50
V. 기초의 현금	50
VI. 기말의 현금	100

위의 현금흐름표를 해석해보면, 사업을 해서 50원의 이익은 발생했으나 영업에 대한 현금은 50원 더 출금되었습니다. 그리고 고정자산에도 50원을 투자했으므로 부족한 재원을 충당하기 위해 주주와 금융권으로부터 부족 자금 150원을 유입했습니다.

예에서 보는 것과 같이 비록 사업을 통해 발생주의 관점의 당기순이익이 발생했을지라도 현금이 부족할 수 있는데, 이처럼 전통적인 손익계산서가 보여주지 못하는 현금 입출금 관점에서 손익 정보를 제공하는 것이 현금흐름표의 가장 중요한 목적이라고 할 수 있습니다.

Column 02

일모도원 [日暮途遠]

해는 저물고 갈 길은 멀다

중국의 춘추시대에서 가장 파란만장한 삶을 살아간 사람을 꼽으라면 오자서라는 인물을 꼽을 수 있을 것입니다.

오자서는 원래 초나라 사람으로 일찍부터 장래가 촉망되는 젊은이였으나, 간신 비무기의 참언으로 초나라 평왕에게 아버지와 형이 죽임을 당하자 나라 밖으로 도망쳐서 천신만고 끝에 오나라로 가게 됩니다.

오나라에 도착한 오자서는 오나라의 왕자 합려를 만나 합려가 오나라의 왕이 되는 것을 돕고, 손자병법을 집필한 손무와 함께 오나라를 강대국으로 만드는 데 막대한 역할을 합니다.

그러나 가슴에 남아 있는 원한은 식지 않아서, 오자서는 오왕 합려를 설득해서 초나라를 공격하기에 이릅니다. 초나라와의 전쟁은 순탄하게 진행되어 오자서는 초나라의 수도를 점령하는데, 원수인 비무기와 초 평왕은 이미 죽은 지 오래되어 원한을 풀 방법이 없었습니다.

분한 오자서는 초나라 평왕의 무덤을 파헤치고 그 시신을 꺼내 300대나 채찍질을 한 후에야 원수 갚는 일을 그만두었다고 합니다.

이러한 얘기를 전해 들은 친구 신포서가 오자서의 잘못된 행동을 지적하자 오자서가 다음과 같이 말하면서 일모도원이라는 사자성어가 유래 되었다고 합니다.

제3장

재무제표 분석

I. 추세분석

II. 백분율 재무제표

III. 재무비율

얼마 전의 일입니다. 대한항공 광고에 혹해서 베트남 하롱베이와 캄보디아 앙코르와트를 여행한 적이 있었습니다.

앙코르와트에 처음 도착했을 때의 일입니다. 버스에 타자마자 여행가이드가 캄보디아 여행을 재미있게 하기 위해 주의할 점에 대해서 얘기해주었습니다. 이것저것 많은 주의사항을 알려주었는데 가이드의 말을 한마디로 요약하자면 '가이드의 설명을 열심히 들어야 한다'는 것이었습니다.

캄보디아에는 1,000개 가까운 사원이 존재하는데 앙코르와트는 그 사원 중에 하나일 뿐이라는 것입니다. 캄보디아에 머무는 동안 계속해서 수도 없이 많은 사원을 방문하게 되는데 볼 것이라고는 건물과 그 건물에 새겨진 조각뿐이라고 했습니다. 다른 관광지처럼 휴양시설이 발달한 것도 아니고, 치안도 불안하여 밤에 외출하면 총 맞기 딱 좋다는 말도 했습니다. 그러나 방문하는 수많은 사원들이 모두 모양이 다르고 벽에 새겨진 조각도 모두 특별한 의미를 가지고 있으니, 의미를 알고 보면 이는 재미난 역사책이며 신기한 신화이며 전설이라는 것이었습니다.

가이드의 설명을 듣지 않는다면 그 의미를 제대로 알지 못할 것이고, 의미를 모르고 보는 사원은 집 앞에서도 흔히 볼 수 있는 그냥 돌에 지나지 않는다는 것이었습니다. 그후 얼마나 열심히 가이드 얘기를 들으면서 캄보디아 관광을 했던지, 태국에 놀러갔을 때는 에메랄드 궁에 그려져 있는 벽화를 보고 벽화의 배경이 되는 '라마야나' 이야기를 태국 가이드보다 자세히 얘기해 줄 정도였습니다.

재무정보도 이와 마찬가지로 의미를 모르는 사람의 눈에는 단지 단조로운 숫자요, 지루할 따름입니다. 알고나서 보면 그것은 보석과 같은 봉황의 뜻일 수도 있는데, 우리가 알아보지 못하여 참새처럼 봉황을 비웃고 있는 것은 아닌지 모르겠습니다. 우리는 살면서 수없이 많은 재무 자료들, 특히 재무제표를 대하게 됩니다. 3월만 되면 신문지상에 수많은 회사들의 대차대조표가 공시되고, 주식 투자라도 할라 치면 재무제표를 확인해야 하는 것은 투자의 기본 중에 기본이라 할 수 있습니다. 또한 전자공시 홈페이지를 방문하면 웬만한 회사들의 재무정보를 속속들이 확인할 수도 있습니다.

그러나, 우리가 이러한 자료를 대할 때 일반적으로 보이는 반응은 '뭔 소리를 하는 건지 느낌이 확 오지 않는다' 는 것입니다. 재무제표라는 것이 외부이용자들에게 정보를 좀더 손쉽게 전달하기 위하여 만들어진 도구인데도 불구하고, 그 표의 의미가 느낌으로 확 다가오지 않기 때문에, 재무제표는 단지 그냥 숫자를 적어놓은 복잡한 서식이라고밖에 느껴지지 않는 것입니다.

그러나 수요가 있으면 공급은 발생하듯이, 회계의 비전문가들이 재무제표가 말하고 있는 내용을 명료하게 느끼고 싶어한다는 수요가 계속해서 일자, 이를 충족시키기 위한 재무제표 분석도구들이 개발되었습니다. 이러한 분석도구의 대표적 예로는 추세 분석, 백분율 재무제표, 재무비율을 들 수 있습니다.

지금부터는 이제까지 우리를 정보의 소화불량으로 괴롭혔던 재무제표를 쉽게 소화시킬 수 있도록 개발된 강력 소화제, 재무제표의 분석도구들에 대해 알아보도록 하겠습니다.

I
추세 분석

재무제표의 분석도구로 가장 널리 쓰이는 방법 중 하나는, 과거의 재무항목과 현재의 재무항목을 단순 비교하여 그 차이를 기준연도의 재무항목에 대한 비율로 표시하는 **추세 분석**입니다. 추세 분석의 가장 대표적인 예는 **비교 손익계산서**와 **비교 대차대조표**를 들 수 있는데, 재무제표를 공시할 때 당기와 전기를 동시에 표시함으로써 전년도 재무제표와 당해 연도 재무제표를 비교할 수 있게 하는 **비교식 재무제표**도 이러한 추세분석의 한 변형이라 할 수 있습니다.

이는 과거의 동일 항목을 비교하여 비율로 표시하는 것이기 때문에 매출액 증가율, 영업이익 증가율, 당기순이익 증가율 같은 성장성 비율과 아주 긴밀한 관계를 가지고 있으며, 동일 항목의 과거와 현재를 비교하기 때문에 타기업과의 비교 분석보다는 자사의 역사적 자료 비교에 주로 사용되는 분석기법이라 할 수 있습니다.

1. 비교 손익계산서

계정과목	전기	당기	증감	증감비율	비고
I. 매출액	970	1,030	60	6%	매출액 증가율
II. 매출원가(−)	450	480	30	7%	
III. 매출총이익	520	550	30	6%	
IV. 판매비와 일반관리비(−)	450	460	10	2%	
V. 영업이익	70	90	20	29%	영업이익 증가율
VI. 영업외수익(+)	20	20	0	0%	
VII. 영업외비용(−)	20	30	10	50%	# 벌과금
VIII. 경상이익	70	80	10	14%	
IX. 특별이익(+)	20				# 보험차익
X. 특별손실(−)					
XI. 법인세 차감 전 순이익(손실)	90	80	−10	−11%	
XII. 법인세	30	30	0		
XIII. 법인세 차감 후 순이익(손실)	60	50	−10	−17%	당기순이익 증가율

위의 비교 손익계산서를 보면 이 회사의 매출이 증가하여 증가분만큼 매출총이익이 증가하였으며, 판매비와 관리비도 줄어들어 영업이익은 전기 대비하여 무려 29%나 증가하였습니다. 그러나 영업외비용이 증가하여 경상이익을 줄였는데, 이는 벌과금에 기인한 것이기 때문에 법규 준수 부분이 조금 더 강조될 필요가 있을 것입니다. 그리고 전기에는 특별이익이 존재하는데, 이는 보험금을 자산가액보다 더 많이 받아서 발생한 것이므로 이 회사의 경영 실적을 판단하는 데 있어서는 고려할 필요가 없는 항목입니다. 전체적으로 판단하여 비록 당기순이익이 17% 줄었으나 이는 전기의 특별이익에 기인한 것이고 매출, 매출총이익, 그리고 영업이익이 모두 증가 추세에 있으므로 이 회사의 경영 실적은 순방향으로 가고 있다고 할 수 있습니다.

2. 비교 대차대조표

계정과목	전기	당기	증감	비율	비고
자산					
I. 유동자산	300	350	50	17%	
(1) 현금	10	10	0	0%	
(2) 매출채권	150	170	20	13%	* 연말 매출증가
(3) 재고자산	100	120	20	20%	* 설 시즌 재고
(4) 기타	40	50	10	25%	* 경영 혁신 컨설팅 도입
II. 고정자산	400	450	50	13%	* 새로운 라인 증설
자산총계	**700**	**800**	**100**	**14%**	**총자산증가율**
부채					
I. 유동부채	250	300	50	20%	
(1) 매입채무	50	100	50	100%	* 설시즌 준비
(2) 기타	200	200	0	0%	
I. 고정부채	20	20	0	0%	
(1) 퇴직급여충당금	15	15	0	0%	
(2) 기타	5	5	0	0%	
자본					
I. 자본금	200	200	0	0%	* 주식수 : 2
	230	280	50	22%	* 당기순이익
부채와 자본 총계	**700**	**800**	**100**	**14%**	

매출채권이 증가하였으나 이는 연말 매출이 증가함으로 인해 생긴 자연적인 증가이므로 주의할 항목은 아닙니다. 그러나, 수금 절차에 문제가 없는지 한번 확인해보는 것은 내부관리를 위해 필요한 절차일 것입니다.

재고자산의 증가 부분도 다음해 초에 도래하는 설 시즌을 대비한 안전재고이므로 크게 주의할 필요는 없습니다. 그러나, 안전재고를 초과하여 보유하고 있는지를 확인하는 것은 내부관리 목적상 필요한 절차입니다.

그리고 기타의 증가는 경영 혁신을 위한 장기프로젝트에 대한 선급비용이므로 장래를 위한 투자이므로 의미 있는 증가입니다.

또한 고정자산의 증가는 새로운 제품 생산을 위한 신규라인을 설치한 것이므로 향후 회사의 사업에 순방향으로 영향을 미칠 것입니다.

매입채무의 증가도 설 시즌을 대비한 계절적 요인으로 발생한 채무이므로 납득 가능한 증가입니다.

전체적으로 평한다면, 위 회사는 사업으로 인하여 창출한 자금을 회사의 미래를 위한 투자에 사용하고 있기 때문에 건전한 방향으로 재무 상태가 진행되고 있다고 할 수 있습니다.

II
백분율 재무제표

    자사의 재무제표의 분석뿐만 아니라 타사의 재무제표와의 비교는 회사의 재무 상태를 파악하는 데 있어서 아주 유용한 방법입니다.
    A사의 당기순이익이 100이고 B사의 당기순이익이 110원이라고 했을 때 B사의 당기순이익이 10원 더 많다고 하여 무조건 B사가 사업을 더 잘했다고 할 수 있을까요?
    만일 A사의 매출은 1,000원이고 B사의 매출은 1만원이라면 A사의 당기순이익율은 10%이고 B사의 당기순이익율은 1.1%밖에 지나지 않는데, 그래도 B사가 이익을 조금이라도 더 창출했으니 B가 사업을 더 잘했다고 말할 수 있겠습니까?
    이처럼 크기가 다른 재무제표를 절대값으로 비교한다는 것은 때로는 적절하지 않은 판단을 이끌 수 있는데, 크기가 다른 재무제표를 분석의 편의를 위하여 똑같은 크기(백분율)로 재무제표를 만들어놓는다면, 우리는 훨씬 손쉽게 여러 회사의 재무제표를 비교할 수 있을 것입니다.

    이처럼 크기가 다른 재무제표를 쉽게 비교하고 싶다는 수요로 인해 개발된 것이 **백분율 재무제표**라는 분석도구입니다.
    가장 대표적인 백분율 재무제표로는 매출을 기준값으로 하여 백분율을 계산한 **백분율 손익계산서**와 총자산을 기준으로 백분율을 계산한 **백분율 대차대조표**를 들 수 있습니다.

  백분율 재무제표는 모든 금액이 백분율로 표시되어 있기 때문에 타 기업과의 비교, 자사 과거 데이터와의 비교도 아주 용이할 뿐만 아니라 어느 계정에 더 집중해야 하는지에 대한 파악에도 아주 효과적이라 할 수 있습니다.

  또 백분율 손익계산서의 경우는 매출에 대한 매출총이익, 영업이익, 당기순이익의 비율을 표시하였기 때문에 기업이 얼마나 효율적으로 사업을 하고 있나를 측정하는 수익성지표와 아주 관계가 깊다고 할 수 있습니다.

1. 백분율 손익계산서

계정과목	A사 금액	A사 비율	B사 금액	B사 비율	비고
I. 매출액	1,030	100%	300	100%	
II. 매출원가(−)	480	47%	160	53%	
III. 매출총이익	550	53%	140	47%	
IV. 판매비와 일반관리비(−)	460	44%	125	42%	
V. 영업이익	90	9%	15	5%	매출액 영업이익율
VI. 영업외수익(+)	20	1%	5	2%	
VII. 영업외비용(−)	30	2%	15	5%	* 이자비용의 차이 * A사 이자비용 : 4
VIII. 경상이익	80	8%	5	2%	
IX. 특별이익(+)					
X. 특별손실(−)					
XI. 법인세 차감 전 순이익(손실)	80	8%	5	2%	
XII. 법인세	30	3%	2	1%	
XIII. 법인세 차감 후 순이익(손실)	50	5%	3	1%	매출액 당기순이익율

A사의 당기순이익(50)은 B사의 당기순이익(3)보다 높을 뿐만 아니라 당기순이익율(5%) 또한 B사의 당기순이익율(1%)보다 월등하게 높은데, 이는 A사의 매출원가율(47%)이 B사의 매출원가율(53%)보다 월등히 낮으며 A사의 영업외비용 비율(2%)이 B사의 매출액 영업외비용 비율(5%)보다 월등히 낮기 때문입니다.

매출원가율이 낮은 이유는 A사의 생산 부분이 상대적으로 더 효율적으로 관리된다는 것을 의미하고, 영업외비용 비율이 낮은 이유는 A사의 자금관리가 더 효율적으로 관리된다는 것을 의미합니다.

2. 백분율 대차대조표

계정과목	A사		B사		비고
	금액	비율	금액	비율	
자산					
I. 유동자산	350	44%	120	48%	
(1) 현금	10	1%	5	2%	
(2) 매출채권	170	22%	70	28%	
(3) 재고자산	120	15%	40	16%	
(4) 기타	50	6%	5	2%	
II. 고정자산	450	56%	130	52%	
자산총계	800	100%	250	100%	
부채					
I. 유동부채	300	38%	120	48%	
(1) 매입채무	100	13%	45	18%	* 단기차입금
(2) 기타	200	25%	75	30%	
I. 고정부채	20	3%	45	18%	
(1) 퇴직급여충당금	15	2%	5	2%	
(2) 기타	5	1%	40	16%	* 장기차입금

자본				
I. 자본금	200	25%	50	20%
II. 이익잉여금	280	34%	35	14%
부채와 자본 총계	**800**	**100%**	**250**	**100%**

매출채권의 비율은 A사가 더 낮기 때문에 A사는 채권 관리를 더 효율적으로 한다고 할 수 있습니다. 그리고 재고자산의 비율이 유사하므로 재고 관리에 대한 수준은 양사가 비슷하다고 할 수 있습니다.

고정자산의 비율이 A사가 더 많은 것은, A사가 투자에 더 적극적이라는 뜻이고, 이는 향후 영업에 대한 이익 창출에 순방향으로 기여하게 될 것입니다.

매입채무 비율이 A사가 더 적은 것은, A사의 대금 결제 기일이 더 짧다는 것을 의미하므로 A사와 거래하는 것이 좀더 안정적일 것입니다.

단기차입금과 장기차입금 비율이 A사가 더 적은 것과 이익잉여금 비율이 A사가 더 많은 것은, A사가 영업을 더 잘하여 차입에 대한 필요성이 더 적었으며 차입금에 대한 이자 부분이 다시 손익계산서에 영향을 미쳐서 A사의 영업실적을 더 호의적으로 만든 것을 의미합니다.

전체적으로 보아 A사는 영업, 재무 관리, 투자 관리 등에서 B사를 앞지르고 있습니다. 만일 똑같은 조건이라면 A사와 거래하는 것이 훨씬 더 안정적이라고 평가할 수 있습니다.

백분율 재무제표는 타사와 비교 분석을 하는 데 있어 효율적일 뿐만 아니라, 자사의 역사적 자료를 이용한다면 추세 분석 또한 가능하며, 자사의 재무제표의 구성항목 간의 상대적 중요성도 쉽게 파악할 수 있으므로 다양한 용도로 사용이 가능한 분석도구입니다.

Ⅲ 재무비율

재무비율이란 특정한 재무제표 항목끼리의 짝짓기를 통해서 정보 이용자의 관심사인 회사가 안전하게 운용되고 있는지, 사업은 잘하고 있는지, 발전 가능성은 있는지, 효율적으로 자산을 사용하고 있는지를 명확하게 보여줄 수 있도록 개발된 분석기법입니다. 즉, 특정 항목끼리의 연관관계를 보여줌으로써 재무제표 고유의 정보 전달 기능을 보다 세분하고 명확화시킨 분석 기법입니다. 재무비율은 제공하는 정보의 성격에 따라 안정성, 수익성, 성장성, 활동성 지표로 구분할 수 있습니다.

재무비율 구분

안정성 지표 채무에 대한 지급능력 및 재무구조의 건전성을 측정하는 재무지표로서 유동비율, 부채비율, 이자보상배율 등이 대표적인 안정성 지표입니다.

수익성 지표 기업이 영업을 얼마나 효율적으로 하고 있는지를 측정하는 재무지표로서 매출액영업이익율, 매출액순이익율, 총자산순이익율, 주당순이익이 대표적인 수익성지표입니다.

성장성 및 활동성 지표 기업의 발전 가능성을 측정하거나 자산을 얼마나 효율적으로 사용하는지를 측정하는 재무지표로서 매출액증가율, 영업이익증가율, 당기순이익증가율, 총자산증가율, 자산회전율을 대표적인 성장성 및 활동성 지표라고 할 수 있습니다.

각각의 지표들은 그 필요에 의해 개발이 되었으며 의미하는 바도 모두 다릅니다. 어느 지표는 높을수록 회사에 호의적이고 어느 지표는 낮을수록 회사에 호의적입니다.

아래에서는 그 지표를 산출하는 방식과 의미에 대해서 간략히 설명하고, A사의 재무제표에 있는 정보를 직접 적용하여 해당 재무비율을 산출해보도록 하겠습니다.

1. 안정성 지표

(1) 유동비율

단기채무를 지불하는 데 사용할 수 있는 유동자산이 얼마나 되는가를 나타내는 기업의 지불능력을 의미하는 가장 일반적인 비율입니다. 이 비율이 높다는 것은 단기채무를 지불할 수 있는 능력이 높은 것으로, 높을수록 회사는 안정적이라고 할 수 있습니다.

$$유동비율 = \frac{유동\ 자산}{유동\ 부채} = \frac{350}{300} = 117\%$$

(2) 부채비율

채권자로부터 조달된 자금과 주주로부터 조달된 자금의 상대적 크기를 표시한 비율로, 채권자의 위험을 평가하는 가장 일반적인 비율이라 할 수 있습니다. 이 비율은 높을수록 상환 기일이 존재하는 채무가 많다는 것을 의미하는 것입니다. 따라서 낮을수록 회사는 채무의 상환 압력이 적고, 더 안정적이라 할 수 있습니다.

$$\text{부채비율} = \frac{\text{총 부채}}{\text{자기자본}} = \frac{320}{480} = 67\%$$

(3) 이자보상배율

이자와 세금 차감 전 순이익의 합계액이 이자비용의 몇 배에 해당하는지를 나타내는 비율로, 부채 사용에 따른 이자비용의 지급능력을 측정할 수 있는 지표입니다. IMF 이후 관심을 높아진 비율로 이자 상환 능력에 관심이 많은 은행을 위해 만들어진 지표라고도 할 수 있습니다. 이 비율이 높으면 회사는 이자를 충분히 갚을 정도로 장사를 잘 했다는 것을 의미하며 이자 상환 불능 상태까지는 가지 않는다는 뜻입니다. 따라서 이 비율이 높을수록 회사는 더 안정적이라 할 수 있습니다.

$$\text{이자보상배율} = \frac{(\text{이자비용} + \text{법인세차감전순이익})}{\text{이자비용}} = \frac{(80 + 4)}{4} = 21.5$$

2. 수익성 지표

(1) 총자산순이익율(Return Of Assets)

자금 조달 형태와 관계없이 기업에 투하된 총자본이 얼마나 효율적으로 운용되었는가를 측정하는 지표입니다. 부채와 자본의 총투자에 대한 수익률에 해당하므로 모든 투자자(채무자, 주주)가 관심을 가질 수 있는 수익성 지표라 할 수 있으며, 이 비율은 높을수록 투자한 자금에 대비해서 수익이 좋다는 것을 뜻하기 때문에 회사의 수익성은 더 좋다고 할 수 있습니다.

$$\text{총자산순이익율(ROA)} = \frac{\text{당기순이익}}{\text{평균총자산}} = \frac{50}{(700+800)/2} = 7\%$$

(2) 자기자본순이익율(Return On Equity Ratio)

주주를 통해 조달된 자금(자본)이 얼마나 효율적으로 운용되고 있는가를 평가하는 지표로서 자본 출자를 한 주주의 관점에서 관심이 가는 수익성 지표입니다. 이 비율 또한 높을수록 투자 대비 수익이 좋다는 것을 의미하므로, 회사의 수익성은 더 좋다고 할 수 있습니다.

$$\text{자기자본순이익율(ROE)} = \frac{\text{당기순이익}}{\text{평균자기자본}} = \frac{50}{(430+800)/2} = 11\%$$

(3) 주당순이익(Earnings Per Share)

당기순이익을 유통주식 수로 나누어 얻은 금액으로서 보통주주의 입장에서 수익성을 판단하는 데 가장 널리 사용하는 방법입니다. 유통주식 1주당 순이익이 얼마나 되는가를 측정하는 지표이므로 보통주주 입장에서 특히 관심이 가는 수익성 지표입니다. 이 지표 또한 투자에 대비하여 수익이 좋다는 것을 의미하므로, 높을수록 수익성이 더 좋은 회사라고 할 수 있습니다.

$$\text{주당순이익(EPS)} = \frac{\text{보통주 당기순이익}}{\text{유통 보통주식 수}} = \frac{50}{2} = 25$$

3. 성장성 및 활동성 지표

(1) 자산회전율

자산을 얼마나 효율적으로 사용하고 있는가를 평가하는 지표로서 자산의 이용 정도를 측정합니다. 이 지표가 높다는 것은 적은 자산으로 많은 매출을 만든 것을 의미하므로, 비율이 높을수록 회사는 자산을 효율적으로 사용했다고 할 수 있습니다.

$$\text{자산회전율} = \frac{\text{매출액}}{\text{평균자산}} = \frac{1,030}{(700+800)/2} = 1.37$$

위에서 보았듯이 각각의 비율을 하나씩 떼어서 본다면 그 비율 자체만으로 현재의 상태를 평가하기란 상당히 어렵다는 문제점이 있습니다. 그렇기 때문에, 재무비율은 일반적으로 과거 비율, 경쟁사 비율, 산업평균 비율들과 나란히 비교를 하여 회사의 상대적 재무 상태를 파악하는 형식을 취하는 경우가 일반적입니다.

▶ 재무비율 비교

구분	비율	당기	전기	경쟁사	산업평균	비고
1. 안전성	유동비율	117%	120%	100%	105%	높을수록 안정적
	부채비율	67%	63%	194%	96%	낮을수록 안정적
	이자보상배율	21.5배	26배	2배	9배	높을수록 안정적
2. 수익성	매출액영업이익률	9%	7%	5%	6%	높을수록 수익적
	매출액순이익율	5%	6%	1%	3%	높을수록 수익적
	총자산순이익율	7%	10%	1%	5%	높을수록 수익적
	자기자본순이익율	11%	20%	2%	9%	높을수록 수익적
	주당순이익	25원	30원	4원		높을수록 수익적
3. 성장성 및 활동성	매출액증가율	6%	0%	-2%	1%	높을수록 성장적
	영업이익증가율	29%	25%	-8%		높을수록 성장적
	당기순이익증가율	-16%	80%	-89%		높을수록 성장적
	총자산증가율	14%	10%	7%	-1%	높을수록 성장적
	자산회전율	1.37회	1.5회	1.2회	1.44회	높을수록 활동적

안정성 측면에서 평가해본다면 유동비율은 전기보다는 낮아졌으나 산업평균비율이나 경쟁사보다는 높으므로 비교적 안정적이라 할 수 있으며, 부채비율 또한 경쟁사보다는 높으나 경쟁사나 산업평균보다는 현저하게 낮으므로 비교적 안정적이라 평가할 수 있습니다. 그리고 이자보상배율 또한 전기 보다는 낮으나 경쟁사 및 산업평균보다는 높으므로 비교적 안정적입니다. 안정성 지표를 종합해본다면 상기 회사는 전기보다는 조금 나빠졌지만 동종 산업의 경쟁자들보다는 월등히 안정적이라 평할 수 있을 것입니다.

수익성 측면을 본다면 매출액영업이익률은 전기, 경쟁자, 산업평균 비율에 대비에 월등히 높으므로 사업을 아주 잘했다고 할 수 있습니다. 매출액순이익율, 총자산순이익율, 자기자본순이익율, 주당순이익은 전기보다 감소했다고는 하나 이는 전기의 특별이익에 기인한 것이기 때문에 고려하지 않아도 되며, 또한 경쟁사나 산업평균보다는 현저히 높으므로 비교적 수익성이 높다고 평할 수 있습니다. 수익성 지표를 종합해보았을 때 비록 전기보다 매출액순이익률 등이 하락했다 하더라도 이는 특별이익에 기인한 것이기 때문에 고려할 사항에서 벗어나고, 또한 전체적으로 경쟁자나 산업평균 수치보다 비교적 높으므로 이 회사는 수익성이 비교적 훌륭하다고 평가할 수 있습니다.

성장성 및 활동성 측면에서 평가해본다면 산업평균을 고려했을 때, 이 시기는 경쟁이 심화되어 전체 시장 상황이 답보 상태에 있다고 할 수 있습니다. 이러한 불황의 시기임에도 불구하고 매출액증가율, 영업이익증가율이 상승추세를 보였다는 것은 이 회사의 성장성은 엄청나다는 의미입니다. 자산회전율은 산업평균치 정도이나, 이러한 수치는 신규 투자가 아직 매출로 이어지지 않은 부분에 기인하고 있으므로 이 또한 나쁘다 할 수는 없는 것입니다.

이 회사의 재무비율을 종합해보았을 때 위 회사는 안정성, 수익성, 성장성 및 활동성 등 모든 측면에서 훌륭한 성과를 보여준 한 해였다고 평할 수 있을 것입니다.

📁 **산업평균비율을 알고 싶을 때**
  – 한국은행경제통계시스템 http://ecos.bok.or.kr

📁 **경쟁사의 재무제표를 보고 싶을 때**
  – 전자공시시스템 http://dart.fss.or.kr

조금 급하게 걸어온 듯한 기분이 들기도 하지만 회계에 대한 기초 개념, 중요 계정과목에 대한 해설, 재무제표의 분석에 대하여 개괄적으로나마 살펴보았습니다. 남들이 옳다고 하는 것이 항상 옳을 수는 없습니다. 고기가 힘을 내게 하는 데는 좋을지 몰라도 지금 병에 걸려 허약해진 사람에게 고기를 먹인다면, 그 사람은 힘은 고사하고 설사병만 걸릴 것입니다. 우선 미음을 먹여 고기를 소화시킬 정도는 만들어놓아야, 고기를 먹어도 효과가 있을 것입니다.

우리가 지금까지 살펴본 회계에 대한 기초 지식들이 비록 힘이 불끈 솟아오르게 하는 고기가 되지 않을지는 몰라도 고기를 소화시킬 수 있는 위장을 만들 수 있는 미음의 역할은 충분히 하리라 생각합니다. 짧다면 짧을지 모르지만 위 내용을 완벽히 이해만 한다면 회계에 대한 설계도는 쥔 셈이니, 앞으로는 열심히 집만 지으면 될 것입니다. 설계도 없이 마구잡이로 짓는 집과 설계도를 가지고 짓는 집의 차이가 어떻게 날 것인지는 굳이 말할 필요도 없을 것입니다.

좀 지루한 길이었지만, 여기까지 함께 걸어와주신 분들께 무한히 감사를 드립니다.

다음은 우리를 때로는 낭혹스럽게 만들고 때로는 화가 나게 만들기도 하는, 돈과 직접적으로 관계가 있는 세금에 대하여 알아보려고 합니다. 우리에게 회계는 숫자로 보일지 몰라도 세법은 돈이니 함께 걸어가시는 길 결코 지루하지 않으리라 생각이 듭니다. 세무로 가는 재미있는 여행이 여러분 앞에 기다리고 있으니, 여기서 잠들지 마시고 조금 더 걸어가시길 바랍니다.

Column 03

::참새가 봉황의 뜻을 어찌 알리요!

『장자』 1편 소요유 편에 나오는 말입니다.

북쪽 깊은 바다에 커다란 물고기 한 마리가 살았는데, 그 이름을 '곤'이라고 하였습니다. 이 물고기가 변하여 새가 되었는데, 이름을 '붕'이라 하였습니다. 그 새는 너무나 커서 그 크기를 헤아릴 수조차 없을 정도였다고 합니다. 이 새가 한번 기운을 모아 날아오르면 날개는 하늘에 드리운 구름과 같고, 바다 위를 날 때면 파도가 삼천리 밖까지 퍼져나갔으며, 회오리바람을 일으켜 그것을 타고 여섯 달 동안 구만리 장천을 날고 나서야 내려와 쉰다고 하였습니다.

매미와 새끼 참새란 놈이 붕의 나는 모습을 보고서 조롱하며 말을 했습니다. '우리는 한껏 날아보아야 겨우 나무 꼭대기에 이를 뿐이고, 때로는 중턱에도 못미치고 마는데 구만리를 날아 남쪽으로 간다니, 참 우스운 짓을 하는 놈이구나.'

가까운 숲으로 놀러가는 사람은 세 끼 먹을 것만 가지고 가도 돌아올 때까지 배고픈 줄 모르지만, 백리 길을 가는 사람은 하룻밤 지낼 양식을 준비해야 하고, 천리 길을 가는 사람은 석 달 먹을 양식을 준비해야 합니다. 매미나 새끼 참새 같은 긴 삶을 모르는 생물이 어찌 이를 가늠이나 할 수 있겠습니까? 조금 아는 것으로 많이 아는 것을 헤아릴 수 없고, 짧은 삶으로 긴 삶을 헤아릴 수는 없는 것입니다.

이런 사실을 어떻게 알 수 있겠습니까?

아침에 잠깐 났다가 시드는 버섯은 저녁과 새벽을 알 수 없습니다. 이른 봄 쓰르라미는 매미 가을 봄에 가을을 알 수 없습니다. 이것이 '짧은 삶'입니다.

'짧은 삶'들은 '긴 삶'이 존재한다는 것을 모르기 때문에 비웃을 수 있는 것입니다. '긴 삶'이 존재한다는 것을 알기만 한다면 어찌 감히 '짧은 삶'들이 '긴 삶'을 비웃을 수나 있겠습니까. 우리 주변에 정보가 없는 것이 아닙니다. 단지, 우리가 인지를 못할 따름일 것입니다. 유익한 회계 분야가 존재한다는 것을 아는 사람만이 배우려고 노력할 것이고, 조금이라도 회계 분야에 대해 익숙해지지 않을까 합니다. 우리 비록 '짧은 삶'일지라도 '긴 삶'이 있다는 것은 이해하려고 노력하며 살아가야만 그나마 인구에 회자되는 일은 면할 수 있지 않을까 합니다.

알고 있으면 돈이 되는 세무 지식

세무

제4장

세금 상식

I. 세금에 대한 일반적 이해

II. 사업을 시작할 때 고려해야 하는 문제

III. 부가가치세의 절세 전략

IV. 소득세 절세 방안

V. 양도소득세 절세 전략

VI. 상속세 및 증여세 절세 전략

VII. 기타 세금 절세 전략

VIII. 근로소득 연말정산 해설

눈 내리는 밤 숲가에 멈춰 서서

- 프로스트 Robert Frost

이게 누구의 숲인지 나는 지금 알 것만 같다.
하기야 그의 집은 마을에 있지만……
눈 덮인 그의 숲을 보기 위해서
내가 여기 멈춰서 있는 걸 그는 아마 모를 것이다.

내 조랑말은
농가 하나 보이지 않는 곳에서
일 년 중 가장 어두운 밤에
숲과 얼어붙은 호수 사이에
이렇게 멈춰서 있는 걸 참으로 이상히 여길 것이다.

무슨 착오라도 일으킨 게 아니냐는 듯
말은 목방울을 흔들어 본다.
방울 소리 외엔 솔솔 부는 바람과
솜처럼 부드럽게 내리는 눈 소리뿐

아! 숲은 어둡고 깊고 아름답기만 하다.
그러나 나는 지켜야 할 약속이 있고,
잠들기 전에 아직 가야 할 길이 남아 있다.
잠들기 전에 아직 가야 할 길이 남아 있다.

프로스트라는 아주 유명한 시인의 대표작입니다.

이루어놓은 것들이 많았을 세계적인 문호인 프로스트조차도 "아직 잠들기 전에 가야 할 길이 남아 있다"고 본인의 노력을 질타했습니다. 약간 과장되게 들리지만, 세무의 길에 첫발을 들여놓는 우리가 가슴에 담아두어야 할 시 구절이 아닌가 합니다.

먼 길 오느라 조금 피곤하고 졸리더라도 지금부터가 정말로 재미있는 부분입니다. 조금만 참으면 흥미로운 세무의 세계를 여행할 수 있을 것입니다.

세상 사람 어느 누구도 세금을 많이 내길 바라는 사람은 없습니다. 그렇다고, 나라에서 뭐라 하든 세금을 납부하지 않겠다고 근거 없는 자신감을 보이는 사람도 그렇게 흔치는 않을 것입니다. 본인이 아무리 내고 싶지 않다고 강짜를 부리더라도 정부는 갖은 수단을 다 동원해 세금을 받아갈 것이기 때문에 무인도에 가서 혼자 살지 않는 한 세금을 피할 방법은 없습니다.

세무에는 '탈세'라는 단어와 '절세'라는 단어가 있습니다. 둘 다 세금을 내지 않는다는 공통점이 있으나, 탈세를 하면 발 뻗고 못 자지만 절세를 하면 그냥 다리 쭉 뻗고 잘 수 있다는 차이점이 있습니다. 탈세란 법을 따르지 않고 억지로 세금을 안 내는 것이나, 절세는 법이 허용하는 범위 안에서 세금을 안 내는 것이기 때문에 무서울 것이 없습니다. 세법에서 내지 않아도 된다고 해서 세금을 내지 않았는데, 두려울 것이 뭐가 있겠습니까?

무식한 사람이 용감하다고 탈세는 아무것도 모르는 사람들이 몰라서 하는 일이라면, 절세는 세금에 대해 아는 사람이 머리 굴려가며 하는 것이라 할 수 있습니다. 그렇다면 절세를 위해서는 모든 사람들이 세법에 통달하여야 하느냐 하면, 꼭 그렇지만은 않습니다. 세상에는 수많은 세금 전문가가 있기 때문에 그들에게 물어본다면 웬만한 것은 대부분 해결이 될 것입니다. 따라서 우리가 그 많은 세법을 다 알아야 할 필요는 없는 것입니다.

그러나 문제는 우리가 세무에 대해서 백치라면 과연 제대로 조언을 구할 수 있을 것이냐는 것입니다. 적재적소에서 조언을 받으면 절세의 길로 들어설 수 있지만, 그 시기를 놓치면 피할 수 있었던 세금도 낼 수밖에 없습니다. 세금에 대해 아는 사람들만이 세무 전문가의 도움을 받아서 세금을 현명하게 피할 수 있다는 것입니다. 그러나, 세금이라는 것은 아주 복잡하기 때문에 기본 개념과 세무의 흐름을 파악하는 것조차 꽤 오랜 시간이 걸립니다.

그렇다면 '비전문가가 세금에 대하여 배울 방법이 없는가?' 하는 의문이 생길 수 있습니다. 저는 감히 상식 수준으로 접근하는 것이 가장 효율적인 접근이라고 말씀드리고 싶습니다. 상식이라는 것은 우리가 일상생활에서 반드시 알아둬야 하는 지식입니다. 따라서 그렇게 많은 이해와 노력을 요하지는 않습니다.

세금에 대한 상식을 알게 되었을 때 무엇보다도 좋은 점은 눈에 확 띄도록 세금을 아낄 수 있다는 것입니다. 약간의 상식만으로도 '절세'는 충분히 실현 가능한 일이라는 것입니다. 어느 시기에 어느 문제에 대해 전문가의 조언을 받아야 할지만 알고 있다면, 그 다음부터는 소정의 전문가 수수료가 모든 적용 및 절차를 해결해줄 것이기 때문입니다.

여기에서 무엇보다 중요한 것은 어느 시기와 어느 문제에 대해 조언을 받아야 하는지를 결정하는 것인데, 이때 세금 상식이 상당히 중요한 역할을 하게 됩니다. 세금 상식이 있는 사람은 세무 문제가 어디서 발생할 것인지를 예상하고 조언을 받지만, 세금 상식이 없는 사람은 세무서에서 고지서를 받고 세무 전문가에게 찾아갑니다. 때로는 약간의 세금 상식이 본인도 모르게 수십억의 세금을 절세해주기도 합니다.

지금부터는 우리가 일상생활에서 가장 빈번히 접하는 세무 분야에 대해 설명하도록 할 것입니다. 세금 한 푼이라도 헛되이 나가지 않도록 잘 따라와주시기 바랍니다.

I
세금에 대한 일반적 이해

우리는 일상생활을 하면서 어떠한 세금과 맞닥뜨리게 될 것인가? 국가의 재정에 기여를 하고 있기는 하나, 도대체 어떤 명목으로 납부를 하고 있는 것인가?

대한민국 국민이라면 모두 궁금해하고 있는 문제일 것입니다. 그러나 대부분의 사람들이 제대로 알지 못하는 부분이기도 할 것입니다.

세금을 크게 성격별로 구분한다면 사업과 관련하여 발생할 수 있는 사업제세와 재산과 관련하여 발생할 수 있는 재산제세로 구분할 수 있습니다.

사업제세란 사업이 운영되는 과정에서 발생할 수 있는 세금으로서 법인세, 소득세, 부가가치세를 들 수 있고 재산제세는 재산의 거래 및 보유 과정에서 발생할 수 있는 양도소득세, 상속세, 증여세, 종합부동산세, 취득세, 등록면허세, 재산세를 꼽을 수 있습니다.

법인이나 개인이 사업을 시작하게 되면 사업자는 우선 거래를 시작할 것입니다. 거래를 하는 과정에서 부가가치가 창출되므로 사업주는 부가가치세를 납부해야 합니다. 부가가치라는 것은 거래의 중간단계인 생산 및 유통 단계에서 사업자들이 만들어내는 가치를 일컫는 말로서 거래의 과정에서 추가로

덧붙여지는 가치에 대하여 부과되는 세금입니다. 거래의 각 단계에서 부가가치의 계산은 매출세액에서 매입세액을 차감하여 계산합니다. 그러나 최종소비자의 경우 부가가치를 만들어내는 역할이 존재하지 않으므로, 구매한 재화 및 용역에 대한 매입세액의 차감이 불가능하여 매입한 부가가치를 고스란히 부담하여야 합니다. 이처럼 부가가치세는 세금을 부담하는 소비자와 세금을 납부하는 사업자가 일치하지 않는 간접세의 대표적인 예입니다.

사업주가 사업을 하는 주된 이유는 이윤을 얻기 위한 것인데, 이렇게 사업을 통해 이윤이 발생하는 경우 법인은 법인세를, 개인은 소득세를 납부하게 됩니다.

법인의 경우는 사업을 하기 위해 만들어진 단체이므로 법인세라는 하나의 틀에 수익과 비용을 통합할 수가 있습니다. 그러나 개인의 경우는 사업을 할 목적으로 태어난 것이 아니기 때문에, 한 가지 틀로 모든 소득을 취합할 수 있는 것이 아닙니다. 단지, 살아가는 동안 발생할 수 있는 소득을 종류별로 나누어 그에 해당하는 소득이 발생할 경우 과세하는 나열주의 원칙을 취하고 있습니다. 따라서 **개인의 경우**는 소득의 원천에 따라 개인의 소득을 분류하고, 소득의 성격상 1년 이상 장기적으로 발생하는 **6개의 소득(이자, 배당, 사업, 근로, 연금, 기타소득)을 종합소득으로 묶어서 한번에 신고**를 하게 됩니다.

종합소득으로는 은행 예금이 있을 때 발생하는 이자소득, 주식을 보유하고 있을 때 발생하는 배당소득, 개인 사업을 영위할 때 발생하는 사업소득(부동산임대소득 포함), 직장에서 받는 근로소득, 연금에서 발생하는 연금소득, 위의 소득 이외에 복권에 당첨되었을 때나 경품에 당첨되었을 때 또는 일시적이고 우발적으로 제공한 용역으로 인하여 발생하는 소득을 통틀어서 말하는 기타소득이 있습니다.

종합소득의 경우는 합산하여 한 번에 신고하는 것을 원칙으로 합니다. 그러나 세원 관리의 목적상 종합과세를 할지라도 세금에 미치는 영향이 적은 경우(기타소득 300만원 이하, 금융소득 4,000만원 이하)는 소득 지급 시 소득의 일정 부분을 지급자가 세금으로 대납하는 원천징수 절차를 통해 세금 납부 의무가 완료되는 분리과세가 일부 존재하고 있습니다. 또한 위의 종합소득과는 성격상 아주 상이한 양도소득 및 퇴직소득은 별도로 합산하여 과세하는 별도 합산 과세 방식을 취하고 있습니다.

사업자는 사업을 영위하는 과정에서 근로자를 고용하게 되는데, 이때 사업자는 근로자에게 급여를 지급합니다. 근로자 본인이 소득자이기 때문에 원칙적으로는 근로자가 세무신고를 해야 합니다. 그러나 근로자에게 세무신고 의무를 부여할 경우 제대로 신고할 수 있는 사람이 거의 없을 것이기 때문에, 세무서는 소득의 지급자인 사업자에게 세금을 대납할 의무를 지게 했는데 이를 **원천징수 의무**라고 합니다. 따라서 사업자는 개인에게 근로소득 등을 지급하는 경우 매월 10일 원천징수 세액을 세무서에 신고하여야 합니다.

재산제세의 경우는 재산을 취득하는 과정에서 취득세를 납부하여야 합니다(등록세는 취득세에 흡수됨). 그리고 보유하는 중에는 재산세와 종합부동산세가 발생합니다. 또한 처분을 하면 양도소득세가 발생합니다.
취득의 경우는 유상취득이 일반적이기 때문에 취득세 이외의 세금은 발생하지 않으나, 공짜로 재산을 받는 경우(증여 및 상속)는 불로소득이 발생한 것으로 간주하여 상속세와 증여세를 추가적으로 납부하여야 합니다.

세금이라는 것은 세금을 부담할 수 있는 사람에게 부과하는 것이 기본적인 전제입니다. 만일 세금을 부담할 수 없는 사람에게 세금을 부과한다면, 그것은 바로 폭동으로 연결되고 말 것입니다. 역사를 살펴보면 거의 대부분의 폭

동은 조세 부담능력이 없는 사람들에게 세금을 부과함으로 인해서 발생한 결과였습니다.

그렇다면 어떤 사람이 세금 부담능력이 있는 것일까요?

우선은 **소득이 있는 사람**이 세금을 부담할 수 있을 것입니다. 소득이 발생한 시점에 세금을 부과하면, 세금을 낸 후에도 남는 것이 조금 있을 것이므로 조세저항이 가장 적은 시기라 할 수 있습니다. 따라서 대부분의 세금은 소득이 발생한 시점에 세금을 부과하는 형태를 취하고 있습니다. 따라서 법인의 소득이 발생한 경우에는 법인세가, 개인의 소득이 발생한 경우는 개인소득세가, 그리고 불로소득(증여 또는 상속)이 발생한 경우에는 상속세와 증여세가 소득의 발생시기에 부과되는 것입니다. 이러한 소득에 대한 과세는 총수입에서 총비용을 차감하여 소득을 계산한 후 세율을 적용하여 세액을 산출하는 절차를 취하고 있습니다.

소득이 있는 사람 이외에 세금에 대한 부담능력이 있는 사람들을 꼽으라면 아마 **재산을 소유하고 있는 사람**일 것입니다. 재산의 소유와 관련하여 재산을 취득하는 시기에는 취득세와 등록세가 부과되며, 보유하고 있는 중에는 종합부동산세와 재산세가 부과됩니다. 이러한 재산에 대한 과세는 소득이 존재하지 않기 때문에 재산의 가치에 일정률의 세율을 곱하여 세금을 계산하는 형태를 취하게 됩니다. 이렇게 재산의 가치에 부과하는 형태의 세금은 재산의 원본을 침해할 우려가 있기 때문에 일반적으로 낮은 세율을 적용하는 것을 원칙으로 하고 있습니다.

▶ 세금의 종류

세금의 종류	성질상 분류	과세 대상	세액의 계산	신고기한
법인세	사업제세	법인의 소득	소득(수익-비용)×세율	다음해 3월 31일까지 (12월 법인)
소득세 : 종합소득세 신고	사업제세	개인의 소득(이자, 배당, 부동산 임대, 사업, 근로, 연금, 기타)	소득(수익-비용)×세율	다음해 5월 중
소득세 : 원천징수 신고	사업제세	소득을 지급 받는 자의 소득	원천징수 세액	다음 월 10일까지 (또는 반기 말 다음 월 10일까지)
부가가치세	사업제세	부가가치	매출세액 - 매입세액	분기말 다음 월 25일까지
상속세	재산제세	상속으로 인한 소득	소득(상속재산-공제)×세율	상속 개시일부터 6개월 내
증여세	재산제세	수증으로 인한 소득	소득(증여재산-공제)×세율	증여 일부터 3개월 내
취득세	재산제세	취득 재산	재산가액×세율	취득 일부터 60일 내
종합부동산세	재산제세	보유 재산	재산가액×세율	12월 1일~12월 15일
재산세	재산제세	보유 재산	재산가액 × 세율	7월 16일~7월 31일, 9월 16일~9월 30일

II
사업을 시작할 때 고려해야 하는 문제

1. 세금에 대해 궁금할 때 어디에 물어봐야 하나?

국세청 세미래콜센터(126)에 전화하면 됩니다. 단, 주민등록번호를 입력한 후 질문해야 하기 때문에 익명성이 보장되지는 않습니다. 그리고 가까운 세무서에 가면 민원실 옆에 납세자보호 담당관실이 있습니다. 납세자보호 담당관실에 근무하는 분들은 민원처리가 곧 실적에 해당하므로 세무서 내에서는 가장 납세자편을 들어줄 수 있는 곳입니다.

2. 사업을 할 때 법인이 좋을까, 개인이 좋을까?

두 가지 모두 일장일단이 있습니다. 개인과 법인의 장단점을 비교해보면 다음과 같습니다.

개인 설립이 간단합니다. 관청의 허가가 요구되는 특정 사업을 제외하고는 세무서에 가서 사업자등록신청서를 작성한 후 임대차 계약서와 함께 제출하면 바로 사업자등록증이 나옵니다. 그러나 사업에 대한 무한책임을 지기 때문에 망했을 경우 아주 난감합니다. 그리고 세무적인 측면에서 고려해본다면 매출이 크지 않을 경우에는 개인사업이 세금을 적게 냅니다.

법인 설립 시 창업비가 들어갑니다. 법인등기를 해야 하기 때문에 법무사 수수료가 50만원에서 100만원 가량 들어갑니다. 그러나 법인(주식회사인 경우)은 유한 책임을 지기 때문에 망했을 경우에도 원칙적으로 기타 경제생활에 영향을 주지는 않습니다. 그러나 법인의 대표이사 중에 인 보증을 안 선 사람이 별로 없으므로 꼭 그렇다고는 할 수 없습니다. 그리고 사업이 커지기 시작하면 세무적으로 법인의 형태가 좀더 세금을 적게 냅니다.

세무적 관점으로만 본다면 소득을 기준으로 대략 2,200만원 이하인 경우는 개인이, 초과일 때는 법인이 좀 더 유리합니다.

사업을 처음 시작할 때는 설립이 용이한 개인사업형태로 시작했다가, 사업이 커지면 법인형태로 전환하는 것이 일반적 추세라 할 수 있습니다.

3. 간이과세와 일반과세, 무엇이 더 유리할까?

구매자가 세금계산서를 요구하는 경우를 제외하고는 간이과세가 대체적으로 유리합니다. 따라서, 가능하다면 간이과세 형태를 유지하는 것이 절세의 기본 상식입니다.

 # 구매자가 세금계산서를 요구하는 이유

사업자와 거래를 하는 경우는 구매자는 매입세액공제를 받고 증빙 불분명 가산세를 피하기 위하여 세금계산서를 요청하게 됩니다. 그러한 경우 거래를 안 하는 것보다는 세금을 내는 것이 더 낫기 때문에 일반과세자로 할 수밖에 없습니다. 단, 간이과세자라도 신용카드 발급은 가능하므로 구매자 측에서 꼭 세금계산서만을 원하는 경우가 아니라면 간이과세자로 남는 것이 더 유리합니다. 간이과세자가 되는 것은 사업을 처음 시작할 때와 연 매출이 4,800만 원 이하인 경우만 가능합니다.

4. 사업을 시작하기 전에 사업자등록부터 한다.

비록 사업과 관련한 재화를 구매하였다 하더라도, 사업자등록이 되어 있지 않으면 매입세액 공제를 받을 수가 없습니다. 따라서, 지금 개업을 생각하고 있다면 사업자등록부터 하는 것이 절세의 지름길입니다. 특히, 건물신축임대 사업자의 경우 사업자 등록을 미리 하지 않아 건설 중에 지출한 매입부가세를 환급받지 못하는 경우가 종종 발생합니다. 또 하나 주의할 점은 매입세액만 존재한다고 부가세 신고를 하지 않는다면 매입세액을 환급받을 수 없습니다. 매입세액을 추가로 공제받는 경정청구 절차는 기 신고된 경우만 가능하기 때문입니다. 신축 오피스텔을 구매한 임대사업자들이 분양사무실에서 설명한 매입세액 환급 얘기만 듣고 나서, 신고절차를 이행하지 않아 계약금과 중도금에 대한 매입부가세를 환급 못 받는 경우를 실무에서는 심심치 않게 접할 수 있습니다.

5. 명의를 빌려주는 경우 낭패볼 수 있다.

비록, 본인이 직접 사업을 수행하지 않았다 하더라도 명의를 대여했다면 명의 대여자가 모든 사업에 대한 책임을 져야만 합니다. 즉, 사업이 잘못되는 경우에 본인이 벌여놓은 일이 아닌데도 불구하고 세금을 포함한 모든 부채에 대한 책임을 명의 대여자가 떠안게 되는 것입니다. 명의 대여, 정말 주의해야 합니다. 본인은 세금에 무지한 죄밖에 없는데 남아 있는 인생 전부를 남이 벌인 일 뒤처리하면서 보낼 수도 있습니다.

6. 사업장을 개설할 때는 세무서에 가서 확정일자를 받아둔다.

주택을 임차하는 사람이 동사무소에서 확정일자를 받는 것처럼 사업장을 임차하는 사람도 세무서에서 확정일자를 받을 수 있습니다. 확정일자를 받아 놓으면, 임대인이 망한다 하더라도 경매 또는 공매 시 후순위 권리자보다 우선하여 보증금을 변제 받을 수 있으므로 훨씬 유리하다고 할 수 있습니다. 임대인들의 다운 계약서 요구를 어쩔 수 없이 받아들여야 하는 경우 월세는 다운시키더라도, 보증금은 절대 다운시켜서는 안됩니다.

III. 부가가치세의 절세 전략

1. 부가가치세 계산 구조 : 일반 과세자

매출세액(d)
● 공급가액 × 10%
(−) 매입세액

- 세금계산서 수취분(4, 5, 6, 7) : 공급가액 × 10%
- (+)기타 공제 매입세액
    - 신용카드 매출전표 수취명세서 제출분(6) : 신용카드 매출 전표를 수취한 경우는 세금계산서와 동일하게 매입세액 공제 가능
    - 의제매입세액 : 면세농산물 등을 구입한 경우 매입가액의 2/102 (음식업 6~8/106~108)을 매입세액으로 공제 가능
    - 재고매입세액(7) : 간이과세자가 일반과세자로 변경된 경우 보유하고 있는 재고자산 및 감가상각자산에 대하여 추가로 매입세액 공제 가능
    - 대손변제세액 : 대손세액공제 처리한 채무를 상환한 경우 부가세 환급 가능

- (−)공제받지 못할 매입세액
    - 불공제 매입세액 : 비업무용 승용차, 접대비, 사업 무관 지출 관련 부가세는 세금계산서를 수취하더라도 매입세액 공제가 불가능함
    - 공통매입세액 면제 사업분 : 과세와 면세사업을 동시에 영위하는 경우 매입세금계산서를 수취하더라도 면세 사업에 해당하는 매입은 매입세액 공제가 불가능함

- (−)대손처분 받은 세액 : 공급자가 대손세액공제를 신청한 경우 해당하는 공급받는 자는 매입세액 공제분을 반납하여야 함

(−) 경감 공제세액
● 예정고지세액, 예정신고 미환급 세액 　　　−신용카드 등 발행에 따른 세액공제 : 영수증 발행 개인사업자가 신용카드로 대금을 수령한 경우 신용카드 발행액의 1%를 세액공제 받을 수 있음
(+) 가산세 (10)
= 납부할 세액

2. 부가가치세 계산 구조 : 간이 과세자

매출세액
● 공급대가 × 업종별부가가치율 × 10%
(−) 공제세액
● 매입세금계산서 등 수취 세액공제 : 수취한 세금계산서의 부가가치세 × 업종별 부가가치율 ● 신용카드 등 발행에 따른 세액공제 : 영수증 발행 개인사업자가 신용카드로 대금을 수령한 경우 신용카드 발행액의 1%를 세액공제 받을 수 있음 ● 의제매입세액공제액 : 면세농산물 등을 구입한 경우 매입가액의 2/102 (음식업 6~8/106~108)을 매입세액으로 공제 가능
(+) 가산세 (10)
= 납부할 세액

3. 부가가치세 신고 기한

(1) 1기 예정 : 1월 1일 ~ 3월 31일까지 거래를 4월 25일까지 신고

(2) 1기 확정 : 4월 1일 ~ 6월 30일까지 거래를 7월 25일까지 신고

(3) 2기 예정 : 7월 1일 ~ 9월 30일까지 거래를 10월 25일까지 신고
(4) 2기 확정 : 10월 1일 ~ 12월 31일까지 거래를 익년 1월 25일까지 신고

예정신고에 누락된 매출 및 매입 세금계산서는 확정 신고 시 포함할 수 있으나, 매출의 경우는 가산세를 납부하여야 합니다. 그러나 확정신고에 누락한 세금계산서는 별도의 신고서를 작성하여 세무서에 신고해야 하며, 이때 또한 매출의 경우는 가산세를 납부해야 합니다.

따라서, 분기 마감을 할 때는 세금계산서에 처리에 특히 주의해야 하며 반기 마감할 때는 더더욱 주의해야 하는 것입니다. 최악의 경우 결산마감에 누락하는 경우는 매출 누락으로 간주되어 원금보다 더 많은 가산세를 납부할 수도 있는 것입니다.

4. 세금계산서

(1) 세금계산서의 기능 세금계산서를 통해 공급자는 공급 받는 자에게 세금을 전가하고, 공급 받는 자는 매입세액 공제를 받으며, 쌍방의 신고로 인하여 거래의 상호대사 기능을 수행하고, 송장의 기능과 함께 영수로 표시되어 있는 경우는 영수증, 청구로 표시되어 있는 경우는 청구서의 역할 또한 수행합니다.

(2) 세금계산서의 필요적 기재사항 공급자의 사업자등록번호, 공급 받는 자의 사업자등록번호, 작성일자, 그리고 공급가액 및 세액은 세금계산서의 작성 시 필요적 기재사항이라 하여, 잘못 기재했을 경우는 가산세를 부과받거나 매입세액 불공제 등의 불이익을 받을 수도 있습니다.

(3) 세금계산서의 교부시기 세금계산서는 재화나 용역의 공급시기에 교부해야 합니다. 그러나 한 달 동안의 거래를 집계하여 발행하는 월 합계 세금계산서도 발행 가능한데, 월 합계 세금계산서는 익월 10일까지 발행하여야 합니다.

(4) 수정세금계산서

① 재화의 환입 시: 환입한 날을 작성일자로 하여 마이너스 세금계산서를 발행합니다.
② 계약의 해지로 인한 미 공급 시: 당초 세금계산서 작성일자를 작성일자로 하여 마이너스 세금계산서를 발행합니다.
③ 공급가액에 추가 또는 차감되는 금액이 발생한 경우: 증감 사유가 발생한 날을 작성일자로 하여 추가되는 경우는 플러스 세금계산서를, 차감되는 금액은 마이너스 세금계산서를 발행합니다.
④ 필요적 기재사항이 착오로 기재된 경우: 착오 기재분을 적색으로 수정분을 흑색으로 기재하여 발행합니다.

5. 거래 상대방이 확실치 않은 경우 국세청 홈페이지에서 상대방을 확인한다.

폐업자, 간이과세자, 또는 면세사업자는 세금계산서를 발행할 수 없는 사업자입니다. 세금계산서를 발생할 수 없는 사업자에게서 수취한 세금계산서를 통해 매입세액 공제 받은 경우는 매입세액 불공제뿐만 아니라 가산세도 추가 납부하여야 합니다. 따라서, 상대방이 의심스러울 때는 홈택스 홈페이지(www.hometax.go.kr > 조회ㆍ발급 > 사업자상태)를 방문하여서 세금계산서를 발행할 수 있는 사업자인지 확인하시기 바랍니다.

6. 신용카드 및 현금영수증도 매입세액 공제를 받을 수 있다.

신용카드나 현금영수증에 부가가치세액이 별도로 표시되어 있는 경우는 신용카드나 현금영수증만으로도 매입세액 공제를 받을 수 있습니다. 단, 간이과세자도 신용카드 발급은 가능하므로 국세청 홈페이지에서 일반과세자인지를 확인하고 매입세액 공제를 받도록 하십시오.

7. 간이과세자가 일반과세자로 변경되었을 경우는 재고자산이 있는지 확인하자.

간이과세자의 전년도 수입금액이 4,800만원이 넘으면 익년 7월부터는 자동적으로 일반과세자로 변동됩니다. 간이과세자가 매출이 늘어 일반과세자가 되는 것은 어쩔 수 없는 것이나, 변동된다면 현재 보유하고 있는 재고자산이나 고정자산에 대해서 재고매입세액공제라도 신청해서 세액 경감을 받는 것이 좋습니다.

그러나, 일반과세자가 간이과세자로 변경될 경우는 재고납부세액을 추가로 납부해야 하니 주의하시기 바랍니다.

8. 전기사용료도 부가세 환급이 가능하다.

전기사용료도 부가가치세 과세항목에 해당되기 때문에 매입세액 공제를 받을 수 있습니다. 단, 한국전력에 본인의 사업자등록번호를 등록해놓아야만 합니다. 등록 절차는 한국전력에 FAX로 사업자등록증 사본만 보내면 되며, 임차 건물의 경우도 임차인 명의로 사업자등록번호를 등록해놓으면 매입세액 공제가 가능합니다. 만일 임차인 명의로 전기사용료를 부과받는 것이 불가능하다면, 임대인이 발행한 세금계산서를 받아도 공제가 가능합니다.

9. 가공 세금계산서의 유혹, 망하는 지름길이다.

사업자들의 일반적인 생각 중 하나는 '버는 것도 없는데 세금을 너무 많이 낸다'는 것입니다. 장사해서 식구들 겨우 먹고 사는데 내라는 세금은 너무 많고, 세금 내고 나면 남는 것 하나도 없다는 생각을 하게 됩니다. 세법이 허용하는 범위 내에서 세금을 줄이는 데는 한도가 있는데 세금은 너무나 아깝고, 이러한 생각들이 쌓이다보면 누구나 탈세에 대한 유혹을 받게 되는 것입니다.

그중 손쉽게 유혹에 빠지는 것이 바로 가공 매입세금계산서를 구매하는 것입니다. 가공 매입세금계산서를 구매하면 매입세금계산서 공제를 받아 부가세를 탈세하고, 비용으로 처리하여 소득세를 탈세할 수 있습니다. 세금을 내는 당시에는 세금을 아끼는 것 같아 뿌듯하겠지만, 가공 매입세금계산서만큼 걸리기 쉽고, 걸렸을 때 세금이 엄청난 것도 없습니다.

가공 세금거래자(이하 자료상)의 경우도 사업자 등록을 하지 않고 세금계산서를 발행할 수 없으므로 사업자 등록을 하기는 합니다. 그러나, 세금을 내는 것은 원치 않으므로 단기간 동안 세금계산서를 잔뜩 발행한 후 잠적해버립니다. 자료상이 매출을 신고하지 않더라도 매입한 사업자는 매입 공제를 위해 부가세 신고를 할 것이고, 매입세액 공제는 많은데 매출신고가 이루어지지 않았다면 세무서는 이러한 사업자를 자료상으로 간주하여 거래 사실을 구매자에게 증명하도록 합니다.

　이때 거래가 존재하지 않으므로 구매자들은 실질거래를 증명하지 못할 것이고 그러면 세무서는 가공 세금계산서를 구매한 것으로 간주하여 엄청난 세금을 부과합니다. 즉, 시간이 걸릴 뿐이지 검출은 반드시 된다고 보아야 합니다.

　그리고 검출되었을 경우에 세금 효과를 분석해보면, 개인사업자의 경우 세금계산서 공급가액의 약 70%를, 법인사업자의 경우는 약 110%를 세금으로 내야 합니다. 검출될 가능성은 높고 검출되면 세금은 엄청납니다. 따라서, 자료상의 유혹은 사업자들이 반드시 뿌리쳐야 할 유혹입니다.

　거래처가 자료상으로 간주되었을 경우 세무서는 거래가 실질적으로 존재했는지에 대해서 소명할 것을 요청하는데, 이때 세금계산서는 이미 가공 세금계산서로 간주되기 때문에 거래가 실재했는지를 소명하는 데 아무런 소용이 없습니다.

　가장 효과적인 증명서류는 은행 송금 내역이라 할 수 있습니다. 실제 거래 없이 대금을 지급하지 않았을 것이라는 전제 하에서 아주 효율적인 증명 방법입니다. 따라서, 선의의 피해를 막기 위해서는 대금을 결제할 때 현금으로 직접 지급하는 것을 지양하고 은행 송금을 이용하는 것이 미래의 위험을 줄일 수 있는 방법이라 할 수 있습니다.

10. 납부가 어렵더라도 신고는 반드시 해야 한다.

　사업이 어려워지게 되면, 대부분의 사업자들은 모든 것을 포기하고 세무신고 및 납부에 무신경하게 됩니다. '지금 당장 살아갈 돈도 없는데 무슨 세금은 세금이야'라고 생각하며 자포자기하는 사업자들이 일반적일 것입니다. 그러나 무시하고 지나가고 싶다 하여도 세금이 사라지는 것은 아니므로 아무리 경황이 없더라도 신고만이라도 해두면, 나중에 정신이 들었을 때 그나마 후회를 덜 하게 될 것입니다. 신고에는 돈이 들어가는 것이 아니니 신고만 해두어도 세금계산서 미제출(공급가액1%), 신고 불성실(납부세액×10%, 20% 또는 40%)은 피할 수 있습니다. 즉, 정신을 차렸을 때 납부 불성실(일 3/10,000, 연간 10.95%)만 부담하면 다시 사업을 시작할 수 있는 것입니다. 아무리 경황이 없더라도 세무신고는 꼭 해둡시다.

IV 소득세 절세 방안

1. 종합소득세 계산구조

종합소득금액
● 이자소득 ● 배당소득 ● 사업소득 (3, 4) ● 근로소득 ● 연금소득 ● 기타소득
(−) 소득공제
● 인적공제 　　　－ 기본공제 : 본인, 배우자, 부양가족 　　　－ 추가공제 : 경로우대, 장애자, 부녀자, 한부모가족 ● 특별공제 (표준공제) ● 연금보험료공제 ● 조특법상 소득공제 　　　－ 개인연금저축 　　　－ 신용카드 등 사용금액
(+) 가산세 (10)
= 과세표준

(×) 세율 (2, 5)
(-) 세액공제 감면
<ul><li>근로소득 세액공제</li><li>자녀 세액공제</li><li>특별 세액공제 (보험료, 의료비, 교육비, 기부금)</li></ul>
(+) 가산세
(+) 기납부 세액
= 납부할 세액

☞ 소득공제, 세액공제 및 감면 부분은 Ⅷ.근로소득 연말정산 해설 참조

2. 동업은 신중히 - 세금은 줄일 수 있으나, 연대납세의무가 존재한다.

　대한민국의 소득세 구조는 소득이 올라갈수록 세율이 높아지는 누진구조를 취하고 있습니다. 따라서 동업을 하면 소득이 분산이 되므로 소득세를 줄일 수 있다는 장점이 있습니다. 그러나 함께 사업을 하면서 발생한 세금에 대해서 동업자 중 한 사람이 세금을 납부하지 않으면 다른 사람이 모두 납부해야 하는 연대납세의무가 존재하므로 신중히 고려해야 합니다. 아주 신뢰할 수 있는 사람들 사이가 아니면 동업은 여러 가지 문제를 만들 수도 있기 때문에 신중히 고려해야 할 것입니다.

3. 간편장부를 이용하는 것도 절세의 방안이다.

　대부분의 사업자들이 세무나 회계는 너무나 복잡해서 신경 쓰고 싶지가 않

다고들 얘기를 합니다. 그러나 세무서에서도 경리에 대한 지식이 없는 사업자들이 장부를 기장하는 것이 힘들다는 것을 알기 때문에 소규모 사업자(도소매 등 – 3억원 이하, 제조 등 – 1억 5,000만원 이하, 서비스업 등 – 7,500만원 이하)의 경우는 간편장부를 작성해도 장부를 기장한 것으로 인정해주고 있습니다. 가계부처럼 입출금 내역만 기입하면 되는 서식으로서 본인의 사업에 대한 손익관리도 동시에 수행할 수 있으므로 이왕에 입출금 관리를 하고 있다면, 국세청에서 지정한 간편장부를 작성하여 일석이조의 효과를 얻는 것이 어떨까 합니다.

그리고 사업자가 기장을 하는 경우는 기장세액공제(간편장부대상자가 복식부기로 기장할 경우 산출세액의 20%, 100만원 한도), 이월결손금 공제, 감가상각비나 준비금 등의 손금 인정 등의 부수적인 이익도 받을 수 있으니, 개인적인 관리 목적으로라도 소규모 사업자에게 간편장부 기장은 추천할 만한 일입니다.

4. 주택을 임대하는 경우에도 소득세를 납부해야 하는 경우가 있다.

주택의 임대는 원칙적으로 비과세입니다. 그러나 고급주택의 임대나 두 채 이상의 주택 소유자의 임대소득은 과세 소득에 해당됩니다. 단, 전세금은 3주택 이상이고 전세금의 합계액이 3억원 이상인 경우에만 과세하므로 2주택인 경우에는 전세를 고려해 보는 것도 절세의 한 방법일 것입니다.

5. 임대건물 또는 적금은 소득 없는 배우자 명의로 하는 것이 좋다.

소득세의 과세체제는 소득이 많을수록 세금을 많이 내야만 하는 누진세 구조이며, 6가지 소득(이자, 배당, 사업, 근로, 연금, 기타)을 합산하여 세금을 계산하는 종합과세체계를 가지고 있습니다. 따라서 남편이 근로소득이 있고 아내가 소득이 없을 때 임대부동산이나 적금을 아내의 명의로 해놓는다면, 부동산임대소득이나 이자소득은 남편에게 합산되지 않고 아내에게 귀속되므로 낮은 세율을 적용받을 수 있습니다.

다만 증여세 문제가 발생할 수 있는데, 부부 사이에는 6억원까지는 증여세를 과세하지 않으므로 6억원 범위 내에서 증여한다면 상당히 많은 금액을 절세할 수 있습니다. 덤으로 아내와의 사이도 좋아질 테니 일석이조라 할 수 있습니다.

6. 소규모 사업자는 원천세 반기별 신고를 이용하는 것이 유리하다.

소규모 사업자인 경우도 직원을 고용하게 되면, 한 달에 한 번(매월 10일까지) 원천세 신고를 해야 합니다. 장사하기도 바쁜데 매월 꼬박꼬박 챙겨서 소득세 신고를 한다는 것은 소규모 사업자에게는 여간 귀찮은 일이 아닙니다. 이럴 때는 원천세 반기별 신고를 세무서에 신청하면 됩니다. 반기별 신고를 승인받게 되면 6개월에 1회(7월, 1월)만 신고하면 되므로 귀찮은 절차를 상당히 줄일 수 있습니다.

V
양도소득세 절세 전략

1. 양도소득세 계산 구조

양도가액 (3, 4, 5, 6, 7, 8, 9)
● 실질거래 가액
(-) 취득가액
● 실질거래 가액
(-) 필요경비 (11)
● 취득부대비용 ● 취득 후 지출 ● 양도비용
(-) 장기보유특별공제
● 3년이상 보유, 24%~80%(1세대 1주택), 10%~30%(1세대 1주택 외)
(+) 기본공제
● 250만원
= 과세표준
(×) 세율 (10)
● 미등기 자산 : 70% ● 등기자산 1년 미만 보유 : 50%(주택 40%) ● 등기자산 1년 이상 2년 미만 보유 : 40%(주택 누진세율) ● 등기자산 2년 이상 보유 : 누진세율(6%~38%)

(−) 세액공제 감면 (12)	
(+) 가산세	
(+) 기납부 세액	
= 납부할 세액	

2. 세금을 절약하고 싶다면 전문가와 미리 상의한다.

절세의 가장 기본은 무엇일까요? 누가 뭐라고 해도 전문가와 미리 상의를 하는 것입니다. 전문가와 미리 상의하면 아무렇지도 않게 피해갈 수 있는 세금도 있는데 미리 상의하지 않고 모든 상황이 종료된 후에 전문가와 상의해봐야 특별한 답은 없기 때문입니다.

1세대가 1주택을 2년이 지나 팔면 양도소득세를 비과세로 처리할 수 있습니다. 그러나 조금만 기다리면 비과세 규정을 적용받을 수 있는데도 불구하고 매수자가 건물 값을 조금 더 지불한다고 해서 양도해버리는 경우도 종종 있습니다. 비록, 양도가액을 조금 더 받을 수 있을지는 몰라도 세금으로 더 많은 금액이 나갈 수도 있으니, 양도 또는 증여를 생각할 때는 세무 전문가와 반드시 상의하시길 바랍니다.

3. 위자료도 양도소득 과세 대상이다.

재미있는 일이지만 위자료로 건물을 지급해도 세법은 양도로 취급하고 있습니다. 가정사 때문에 속상한데, 엉뚱한 양도소득세까지 납부하면 얼마나 속이 쓰리겠습니까? 이혼이라는 일은 발생해서도 안 되지만, 만일 발생했을 때에는 배우자에게 마지막 정리로 재산분할청구를 요청하도록 부탁하는 것이 좋습니다.

재산분할청구는 본인 재산을 찾아가는 것으로 취급하기 때문에 양도소득세를 부과하지는 않습니다.

4. 1세대 1주택 양도소득 비과세

1세대가 양도일 현재 1주택을 보유하고 있고 그 주택의 보유기간이 2년 이상인 경우, 이 주택의 양도로부터 발생하는 양도소득에 대해 양도소득세를 부과하지 않습니다. 이 규정의 취지는 주택은 국민의 주거생활의 기초가 되는 것이므로, 1세대가 소유하는 1개의 주택을 양도하는 것이 투기 목적이 아닌 경우에는 과세하지 아니함으로써 주거생활의 안정과 거주이전의 자유를 보장하기 위한 것입니다.

5. 1세대 요건의 주의점 1

양도소득세를 비과세 받으려면 반드시 1세대가 1주택을 보유하여야 합니다. 여기서 **1세대**라 함은 동일한 주소에서 함께 사는 본인 및 배우자의 부모, 자녀 및 형제 자매를 의미하는데, 이는 사실적으로 함께 사는지 여부에 따라 판단하게 되어 있습니다. 납세자가 사실적으로 따로 살고 있는데도 불구하고 주소가 함께 되어 있는 경우에도 1세대 1주택 비과세를 적용할 수 있으나, 사실적으로 따로 살고 있다는 것을 증명하는 것은 납세자의 몫입니다. 이는 여간 힘든 작업이 아니며, 웬만한 경우가 아니면 세무서 입장에서는 인정하고 싶지 않은 항목이기도 합니다. 따라서 부모님과 본인이 별도로 주택을 소유하고 있는 경우 매각 바로 전이라도 별도의 세대로 주민등록을 정리해놓는다면, 누가 보아도 별도의 1세대 1주택에 해당하는 것이며 이에 대해 1세대 1주택 비과세를 받는 것은 아무런 하자가 없습니다. 즉, 매각 전에 주민등록을 정리하여 1세대 1주택을 만들어놓는 것이 절세로 가는 지름길이라 할 수 있습니다. 때로는 실질보다 명목이 더 중요하게 취급되는 경우도 있으니 항상 명목적인 것에 실수가 없도록 유의하시기 바랍니다.

6. 1세대 요건의 주의점 2

실질과세의 원칙이 세법의 기본 원칙이라 할 지라도, 실질이 증명되기 전까지는 명목을 따르는 것이 일반적입니다. 주택의 수를 계산하는 것도 동일한 규칙을 적용하게 됩니다. 비록 상가를 보유하고 있다 하더라도, 상가가 등기부상에 주택으로 등재되어 있다고 한다면 주택 수 때문에 1세대 1주택 비과세 적용을 못 받을 수도 있습니다. 만일, 주택 1채와 상가를 보유하고 계시다면 주택을 양도하기 전에 반드시 상가의 등기부등본도 한번 확인해보는 것이 선의의 피해를 방지할 수 있는 방법입니다.

7. 1세대 1주택 비과세 규정의 예외 1

1세대 1주택 2년 보유의 요건을 충족한다면, 서울·과천 및 5대 신도시(분당·일산·평촌·산본·중동)의 집을 양도한다 하더라도 이제는 더 이상 2년 이상 거주의 제약을 받지 않습니다.

현재의 우울한 주택 경기를 고려해 보았을 때 투기 방지를 위하여 만들었던 거주에 대한 제약이 더 이상 실효성이 없다는 관점에서 세법을 개정한 것입니다.

8. 1세대 1주택 비과세 규정의 예외 2

1세대가 1주택을 2년 이상 보유한 경우만이 비과세 규정을 적용받을 수 있으나, 아래의 경우는 부득이한 경우로 세법에서도 2년을 보유하지 않아도 비과세 규정을 적용할 수 있도록 규정하고 있습니다.

(1) 취학, 직장 이전, 질병 등의 사유로 부득이하게 양도하는 경우(1년 이상 거주, 세대 전원 거주 이전)

(2) 해외이주 또는 출국하는 경우 - 출국 후 2년 내에 양도하는 경우 또는 해외이주신고 확인서를 발부 받은 경우는 1년 내에 출국하면서 다른 주택을 취득하지 않을 조건으로 양도하는 경우

(3) 건설임대주택을 취득하여 양도하는 경우 - 임대주택법에 의한 건설임대주택을 취득하여 양도하는 경우(임차일로부터 양도일까지 5년 이상 거주)

(4) 법률에 의해 협의 양도, 수용되는 경우 - 협의 양도 또는 수용일로부터 5년 이내에 양도하는 잔존주택 및 그 부수토지도 비과세됨

(5) 재개발, 재건축기간 중에 취득한 주택을 양도하는 경우 - 사업시행인가일 이후 취득하여 1년 이상 거주, 완공 전 또는 후 2년 내에 양도, 그리고 완공 후 2년 내에 완공주택으로 세대 전원이 이사하고 1년 이상 거주하는 경우

9. 2주택자라도 비과세가 가능한 경우

2주택을 보유한 경우라도 아래의 경우는 비과세 규정을 적용할 수 있습니다.

(1) 이사를 가기 위해 일시적으로 2주택이 된 경우 - 새로운 주택 취득한 날부터 3년 이내에 양도하는 경우

(2) 지방이전 공공기관과 기업의 종업원인 경우 - 새로운 주택을 취득한 날부터 5년 이내에 종전 주택 양도하는 경우

(3) 상속을 받아 두 채의 집을 갖게 될 때 - 상속을 받아서 2주택이 된 경우 기존 주택에 대한 비과세를 판단할 때는 상속주택은 본인의 의지와 상관없이 획득된 주택이므로 보유주택으로 취급하지 않습니다. 그러나 상속주택을 먼저 팔게 되면 노력 없이 취득된 자산을 양도하는 것이므로 비과세 규정을 적용하지 않습니다.

(4) 노부모를 모시기 위해 세대를 합쳐 2주택이 된 경우 - 부모님을 모시기 위한 경우는 세대를 합친 후 5년 내에만 양도하면 1세대가 2채를 보유하고 있어도 비과세를 적용 받을 수 있습니다. 효도를 장려하는 대한민국에서 부모 봉양을 위해 세대를 합친다는 것은 장려해야 할 일이기 때문에 만들어진 세법입니다.

(5) 혼인으로 2채가 된 경우 - 혼인으로 인하여 1세대가 2주택을 보유하게 된 경우는 혼인한 날로부터 5년 내에 양도하면 비과세를 적용받을 수 있습니다. 이는 혼인으로 인하여 손실을 보아서는 안 된다는 헌법의 기본 이념이 반영된 세법이라 할 수 있습니다.

(6) 농어촌주택을 소유함으로써 두 채가 된 경우 - 농어촌 주택(상속주택, 이농주택, 귀농주택)의 경우는 비과세 판단 시에 주택에서 제외되므로 농어촌 주택과 함께 보유하고 있는 일반 주택은 비과세 규정을 적용할 수 있습니다.

10. 양도시기에 따라 달라지는 세금

부동산의 양도소득세의 경우는 보유기간에 따라 세금이 천차만별로 달라집니다. 따라서 양도를 하고 싶은 때는 우선 보유시기부터 조절하는 것이 세금을 아끼는 지름길이라 할 수 있습니다.

> **부동산에 대한 양도소득세율(세율 중복 시에는 가장 높은 세율)**
>
> (1) 미등기 자산 : 70%
>
> (2) 등기자산 1년 미만 보유 : 50%(주택 40%)
>
> (3) 등기자산 1년 이상 2년 미만 보유 : 40%(주택 누진세율)
>
> (4) 등기자산 2년 이상 보유 : 누진세율(6% ~ 38%)

11. 증빙을 챙겨야 세금을 조금이라도 아낄 수 있다.

양도차익은 양도가액에서 필요경비를 공제해서 계산이 됩니다. 필요경비가 많을수록 양도차익이 줄어들어 세금을 적게 내므로 취득할 때부터 필요경비를 증명할 수 있는 서류를 잘 보관하고 있는 것이 세금을 줄일 수 있는 방법 중의 하나입니다.

(1) 취득에 소요된 비용(취득가액 및 부대비용) : 자산의 매입가액, 취득세 및 등록면허세, 부동산 중개수수료 등 취득에 소요된 모든 비용

(2) 취득 후 지출한 비용 : 부동산 취득 후 부동산의 가치를 증대시키기 위해 지출한 아래의 비용

 ① 본래의 용도를 변경하기 위한 개조 비용

 ② 엘리베이터 및 냉난방장치 설치 비용

 ③ 피난 시설 설치 비용

 ④ 재해에 의한 손실 복구 비용

 ⑤ 도로 설치 비용

 ⑥ 기타 개량 확장 증설 등 이와 유사한 비용 : 새시 설치, 발코니 개조, 난방시설 교체 등은 필요경비로서 공제 가능하나 벽지 장판 교체, 싱크대나 주방기구 교체 비용, 외벽도색 비용, 조명기구 교체 비용 등은 공제받을 수 없음.

(3) 양도 비용 : 계약서 작성 비용, 공증비용, 인증지대, 광고료, 부동산 중개 수수료, 국민주택 채권 매각 손실 등

12. 예정신고를 하지 않으면 가산세를 납부하여야 한다.

양도소득세는 반드시 양도일이 속한 달의 말일부터 2개월 이내에 예정신고납부를 하여야 합니다. 예전에는 예정신고납부를 하면 10%세액공제를 해주었고, 예정신고납부를 하지 않더라도 가산세는 부과하지 않았습니다. 그러나, 이제는 예정신고납부를 하더라도 세액공제를 받을 수 없으며, 예정신고납부를 하지 않으면 신고 불성실 가산세와 납부불성실 가산세를 부과합니다.

다주택 보유자 중과세를 없애는 과정에서 발생한 세수의 부족을 예정신고 세액 공제 폐지로 보완한 것은 아닐까 하는 의구심이 생기는 부분입니다.

VI 상속세 및 증여세 절세 전략

1. 상속세 계산 구조

상속세 과세가액

- 본래의 상속재산 (5)
- (+)간주상속재산
  - 보험금 (9)
  - 퇴직금
  - 신탁재산
- (+)추정상속재산 (6)
  - 상속 개시 전 처분 자산
  - 상속 개시 전 채무 부담
- (+)증여재산가액 (8)
- (−)비과세 상속 재산
  - 금양, 묘토, 족보, 제구
- (−)과세가액 불 산입
  - 공익법인 출연재산
  - 공익신탁재산
- (−)과세가액 공제액
  - 채무
  - 공과금
  - 장례비용

(−) 상속공제
● 인적 공제 　　－ 기초공제 : 2억 　　－ 배우자상속공제 : 배우자가 상속받은 금액(7) 　　－ 기타 인적 공제 : 자녀(인당 5,000만원), 연로자(인당 5,000만원), 미성년자(19세가 될 때까지 연 1,000만원), 장애인(기대수명까지 연 1,000만원) 　　－ 일괄공제 : MAX(5억, 기초공제+기타인적공제) ● 물적 공제 　　－ 가업상속공제, 영농상속공제(15억 한도) 　　－ 금융재산상속공제(20%) 　　－ 재해손실공제(순 손실액) ● 감정평가수수료(500만원 한도)
= 과세표준
(×) 세율
● 10% ~ 50%
(+) 세대 생략 가산액%
● 세대를 건너 뛰어 상속한 재산에 대해서는 상속세를 30%를 가산
(−) 세액공제
(+) 가산세
(−) 연부 연납, 물납, 분납세액
= 납부할 세액

2. 증여세 계산 구조

증여세 과세가액

- 본래의 증여재산(11)
- (+)합산 대상 증여재산가액 : 10년 이내에 동일인으로부터 증여 받은 가액
- (−)비과세 증여
    - 학자금, 장학금
    - 조의금, 축의금
    - 혼수품
- (−)과세가액 불산입
    - 공익법인 출연재산
    - 공익신탁재산

(−) 증여공제

- 인적 공제
    - 배우자 공제 : 6억원
    - 직계존속 공제 : 인당 5,000만원(미성년자 2,000만원)
    - 직계비속 공제 : 인당 3,000만원
    - 기타 친족 공제 : 인당 500만원
- 재해손실공제
- 감정평가수수료

− 과세표준

(×) 세율

- 10% ~ 50%

(+) 세대 생략 가산액

- 세대를 건너 뛰어 증여한 재산에 대하여는 증여세 30% 가산

(−) 세액공제

(+) 가산세

(−) 연부 연납, 물납, 분납세액

= 납부할 세액

3. 상속에 대한 법률 지식

(1) 용어의 정의
① 피상속인: 사망한 사람
② 상속인: 재산을 상속 받은 사람
③ 상속일: 사망일

(2) 법적 상속 순위
유언 상속이 우선하며, 유언이 없는 경우는 아래의 순위를 따릅니다.
① 1순위: 직계비속과 배우자 → 항상 상속인이 됩니다.
② 2순위: 직계존속과 배우자 → 직계비속이 없는 경우에 상속인이 됩니다.
③ 3순위: 형제자매 → 1, 2 순위가 없는 경우 상속인이 됩니다.
④ 4순위: 4촌 이내의 방계혈족 → 1, 2, 3순위가 없는 경우에 상속인이 됩니다.

(3) 상속지분
유언이 우선하며, 유언이 없는 경우에는 법정상속분에 따라 상속재산을 분할합니다.
① 법정상속분: 같은 순위의 상속인이 여러 명인 경우에는 상속분이 동일한 것으로 하며, 배우자는 상속분에 5할을 가산합니다.
② 유류분 제도: 사람이 쇠약해지면 지나치게 감정에 치우치는 경향이 있기 때문에 그때그때 감정에 따라 아무에게나 재산을 유언 상속한다면 사회적 물의를 일으킬 우려가 있습니다. 상속에는 피상속인 개인의 의지가 가장 중요하나, 상속인도 보호할 필요가 있으므로 최소한의 상속재산을 정하고 있는데 이것을 유류분 제도라고 합니다. 아무리 피상속인이 유언으로 상속을 했더라도 피상속인의 배우자 및 직계비속은 최소

한 법정상속분의 1/2를, 피상속인의 직계존속 및 형제자매의 경우는 법정상속분의 1/3은 받을 수 있습니다. 이러한 규정이 있는 걸 보면, 세상에는 깨물어서 안 아픈 손도 있는 것 같습니다. 그리고 부유한 집 자제들은 특히 효도해야 할 것 같습니다. 유류분 상속 제도가 만들어져 운용된다는 것이 법정 상속인 외의 상속이 상당이 많이 존재한다는 증거가 아닐까 합니다.

4. 때로는 상속재산이 상속부채보다 적을 수도 있다.

상속이라는 것은 포괄적 승계에 해당하므로 피상속인의 재산뿐만 아니라 빚도 모두 상속이 되는 것입니다. 그런데, 피상속인 중에는 빚이 재산보다 더 많은 사람도 있어서 상속인이 본인의 의사와 상관없이 빚을 떠맡는 경우도 발생할 수 있습니다. 이러한 상속에 있어서의 불합리한 점을 방지하기 위하여 민법에서는 상속포기와 한정상속이라는 제도를 두고 있습니다. 상속포기란 모든 상속재산 및 부채를 포기하는 것이고, 한정상속이란 자산의 범위 내에서 부채를 상속하는 것입니다. 상속포기 및 한정상속은 상속개시를 안 날부터 3개월 내에 신청하면 됩니다.

5. 피상속인의 재산을 모를 때

불의의 사고로 돌아가시게 되면, 상속에 대한 준비가 충분히 되어 있지 않기 때문에 어떠한 재산이 상속되었는지 상속인의 경우는 참 난감할 것입니다. 특히, 보험금의 경우는 상속인이 청구하지 못하여 수령을 못하는 경우도 있습니다.

　이처럼 피상속인의 상속재산을 알고 싶을 때는 금융자산(예금, 보험 등)의 경우는 금융감독원 소비자 보호센터에 방문해서 '금융거래조회 신청서'를 제출하면 되고, 부동산의 경우는 시·도·군·구청 지적과에 방문하여 '부동산 확인하기'를 신청하시면 됩니다. 고인을 생각하면 너무 슬프지만, 남기신 재산 빠지지 않고 챙기는 것도 고인의 뜻을 받드는 것 아닐까요?

6. 사망일이 임박해서는 재산 처분이나 대출을 지양하는 것이 좋다.

　사망일에 임박해서 재산을 처분하거나 대출을 받았을 경우, 그 사용처를 증명하지 못했을 때 상속세의 과세 대상이 될 수 있습니다. 사망일로부터 1년 이내에 재산 처분 금액이나 대출 금액이 2억원 이상이거나 2년 이내에 5억원 이상일 경우에는 그 사용처를 세무서에 증명해야 하며 그 사용처를 증명하지 못했을 경우에는 상속인에게 상속세가 과세됩니다. 따라서 고마웠던 사람에게 보답을 하고 떠나고 싶거나 채무를 깨끗이 청산하고 떠나고 싶더라도 반드시 자손들에게 상의해서 실행해야만 자손들이 부당한 상속세를 내지 않게 되는 것입니다.

7. 배우자에게 상속을 하면 세금도 줄일 수 있다.

　배우자에게 상속된 재산은 법정상속지분(30억원 한도)까지는 상속세 과세표준에서 공제가 됩니다. 배우자에게 상속된 재산이 없더라도 최소 5억원은 기본적으로 공제를 해주고는 있지만 상속지분만큼 공제받는 것이 훨씬 세금을 아낄 수 있는 방법입다. 아무리 사는 동안 배우자가 미웠어도 상속세 절세를 위해서라도 법정상속지분만큼은 배우자에게 상속을 하는 것이 현명한 행동이라 생각됩니다. 금슬 좋은 부부는 세금도 절약할 수 있군요. 오늘부터라도 좀더 노력하시길 바랍니다.

8. 재산이 너무 많을 때는 증여도 하나의 절세 방법이다.

상속재산이 많은 때는 증여 계획을 세우는 것도 하나의 방법입니다. 배우자의 경우는 6억원, 자녀의 경우는 5,000만원까지 증여세가 과세되지 않으니 미리 계획을 세워 증여를 하면 증여세 없이 상속세를 줄일 수 있습니다. 단 사망일 이전 10년 내의 증여는 상속세를 계산할 때 합산되니, 증여 계획은 장기적 안목으로 세워야 효과가 있습니다.

땅값이 급격히 오르는 곳에 땅이나 건물을 가지고 있다면, 미리 증여하는 것도 한번 고민해볼 필요가 있습니다. 상속세 계산 시 포함되더라도 증여시점의 가액으로 합산이 되기 때문에 세금이 훨씬 줄어들 수 있을 것입니다. 단, 부모의 보유재산이 효자 효녀를 결정할 수 있으니 그 부분도 충분히 고려해야 할 것입니다.

9. 상속세 재원 마련을 위해서는 생명보험을 가입해두는 것도 좋다.

만일 부동산만 상속을 받았다면 상속세를 납부하기 위해서 부동산을 팔아야 하는 경우도 발생할 수 있습니다. 상속세를 내기 위하여 부동산을 판다면 시가보다 못한 가격으로 팔아야 하는 경우도 생기기 때문에 상속재산에 엄청난 손실을 볼 수도 있습니다.

따라서 상속재산에는 상속세 납부를 위한 현금성 자산이 포함되어 있어야 하는데, 가장 일반적으로 사용하는 방법 중에 하나는 피상속인을 피보험자로 그리고 상속인을 수익자로 하는 보장성 보험에 가입해두는 것입니다. 피상속인이 사망했을 때 상속인들이 보험금을 타서 상속세를 낼 것이므로, 피상속인은 상속세 걱정 없이 편안히 눈을 감을 수 있을 것입니다.

10. 상속재산이 큰 경우는 사후관리를 하니 조심해야 한다.

상속세를 신고했다고 해서 모든 것이 끝나는 것은 아닙니다. 세무서는 일정한 경우에 상속재산 신고에 누락이 있었는지에 대해 사후 관리를 하고 있으니 조심하여야 할 것입니다. 특히 미성년자가 전세보증금이나 대출부채를 부담하고 상속했을 때는, 상속인이 본인 능력으로 전세보증금을 반환하거나 대출부채를 상환하는 것이 어려운 것이 일반적이므로 이에 대해 감추어진 증여가 있었는지 의심하게 됩니다.

따라서, 전세보증금 반환이나 대출부채의 상환에 대한 자금출처조사가 있을 수 있으니 이에 대한 대비책을 마련해놓아야 할 것입니다.

또한 상속재산이 30억원이 넘을 때에는 그 기록을 관리 하였다가 5년 후의 자산 현황과 비교하여 자산이 비정상적으로 증가했을 때는 이를 감추어진 증여로 의심하여 소명을 요구할 수 있습니다.

상속세 신고가 끝났더라고 사후 관리하는 시기가 있으니 되도록이면 그 기간은 자중하시고 그 이후에 나래를 펴는 것이 좋습니다.

11. 부동산을 증여하고 싶다면 공시지가 고시 전에 하는 것이 좋다.

증여의 경우도 실지가액을 증여가액으로 신고하여야 하나 무상으로 취득한 물건에 시가가 따로 존재하기는 어려운 것입니다. 그래서 세법에서는 실지가액이 없을 때는 보충적으로 공시지가 또는 국세청 기준시가를 사용하는데 공시지가 및 국세청 기준시가는 매년 조금씩이라도 올라가는 것이 일반적 경향입니다.

그러므로, 만일 증여를 생각한다면 공시지가와 국세청 기준시가 발표 전에 증여를 하는 것이 증여가액을 조금이라도 줄이는 방법입니다. 개별공시지가는 매년 5월말까지, 그리고 국세청 고시가격은 보통 연초에 발표되니 되도록이면 그 전에 증여를 하는 것이 절세를 하는 방법 중 하나입니다.

12. 자금 출처 조사란?

자금 출처 조사란 어떤 사람이 자산을 취득하거나 부채를 상환했을 때 그 사람의 현 상황(재산, 직업, 나이 등)을 고려하여 주변의 도움 없이 혼자 힘으로 자산 취득 또는 부채 상환이 불가능하다고 생각될 때 자금의 출처를 밝힐 것을 요청하여 자금 출처를 명료하게 밝히지 못하면 증여세로 간주하여 과세하는 절차입니다.

   모든 재산 취득과 부채 상환에 적용되는 절차는 아니고, 자금 출처 배제 기준에 해당하지 않는 경우에 한하여 세무서에서 요청을 합니다.

▶▶ 자 금 출 처 조 사 배 제 기 준

구분		취득재산		채무상환	총액한도
		주택	기타재산		
세대주인 경우	30세 이상인 자	2억원	5,000만원	5,000만원	2억 5,000만원
	40세 이상인 자	4억원	1억		5억원
세대주가 아닌 경우	30세 이상인 자	1억원	5,000만원	5,000만원	1억 5,000만원
	40세 이상인 자	2억원	1억원		3억원
30세 미만의 자		5,000만원	3,000만원	3,000만원	8,000만원

▶▶ 자 금 출 처 는 아 래 와 같 이 소 명 을 하 시 면 됩 니 다 .

구분	자금출처로 인정되는 금액	증빙서류
근로소득	총 지급액 - 소득제세	원천징수영수증
퇴직소득	총 지급액 - 소득제세	원천징수영수증
사업소득	소득 금액 - 소득제세	소득세신고서 사본
이자 배당 기타소득	총 지급액 - 소득제세	원천징수영수증
차입금	차입 금액	부채증명서
임대보증금	보증금 또는 전세금	임대차계약서
재산 처분액	양도가액 - 양도소득제세	매매계약서

VII. 기타 세금 절세 전략

1. 부동산 취득 시 내는 세금

부동산을 취득하면 취득세(등록세는 취득세에 흡수됨), 농어촌특별세, 지방교육세를 납부하여야 합니다.

▶▶ 취 득 제 세   계 산 방 법

취득방법(구분)			취득세	농어촌특별세	지방교육세	합계
매매	주택	6억 이하 85㎡ 이하	1%	비과세	0.1%	1.1%
		6억 이하 85㎡ 초과	1%	0.2%	0.1%	1.3%
		6억 초과 ~ 9억 이하 85㎡ 이하	2%	비과세	0.2%	2.2%
		6억 초과 ~ 9억 이하 85㎡ 초과	2%	0.2%	0.2%	2.4%
		9억 초과 85㎡ 이하	3%	비과세	0.3%	3.3%
		9억 초과 85㎡ 초과	3%	0.2%	0.3%	3.5%
	주택 이외		4%	0.2%	0.4%	4.6%
신축·상속			2.8%	0.2%	0.16%	3.16%
증여			3.5%	0.2%	0.3%	4%

2. 부동산 보유 시 내는 세금

부동산의 보유 시에는 매년 6월 1일 현재 보유하고 있는 토지 및 건물에 대하여 재산세와 종합부동산세를 납부해야 합니다. 우선 일차적으로 재산세(지방교육세 - 재산세의 20%, 지역자원시설세를 포함)를 납부하고 이차적으로 재산이 일정 수준 이상이면 종합부동산세(농어촌특별세 포함 - 종합부동산세의 20%)를 내야 합니다. 종합부동산세의 경우 모든 부동산에 과세되는 것이 아니며 공시가격이 주택의 경우 6억원, 토지의 경우 5억원(별도합산과세대상 토지 80억원) 이상인 경우만 종합부동산세가 과세됩니다. 납기일은 재산세는 7월 16일에서 7월 31일, 9월 16일에서 9월 30일 두 번에 나누어 납부하고, 종합부동산세는 12월 1일에서 12월 15일에 한 번 납부합니다.

재산의 보유에 관련된 세금은 6월 1일 현재 재산의 실질적인 보유자에게 과세하는 것이므로 부동산을 양도 또는 양수할 때는 이 부분도 고려하여야 합니다.

VIII
근로소득 연말정산 해설

직장인들이 가장 관심이 있는 세금은 무엇일까요? 누가 뭐라고 해도 소득세 특히, 근로소득세에 대한 연말정산 부분일 것입니다. 근로소득이 있는 사람은 모두 연말정산을 하여야 하고, 연말정산 결과에 따라 2월 급여 실수령액이 결정되기 때문에 연말정산은 직장인들의 초미의 관심사입니다.

정부가 국세통합시스템(Tax Information System)을 들여오기 전에는 납세자가 실수를 해도 그냥 지나치는 경우가 많았는데, 요즘은 시스템이 너무나 똑똑해져서 그런 경우는 거의 없는 게 사실입니다. 그러나 소득공제를 받을 수 있는데도 불구하고, 잘 몰라서 제대로 공제를 못 받는 경우도 있을 수 있으므로, 여기에서는 연말정산에 존재하는 소득공제에 대해서 간단히 설명하도록 하겠습니다.

근로소득

(−) 비과세 소득

- 실비변상적 급여
    - 자가운전보조금 월 20만원 이내의 금액
    - 국외 근로소득 : 월 100만원
    - 생산직 근로자의 야간 근로 수당 : 월 240만원 한도
    - 현물식사 또는 월 10만원 이하 식사대
    - 출산수당 또는 6세 이하의 자녀보육수당(월 10만원 이내)
    - 고용보험법에 의한 육아휴직급여 및 출산 전후 휴가급여

(=) 총 급여액

(−) 근로소득 공제

-       ∼   500만원 이하 : 총 급여액의 70%
-   500만원 초과 ∼ 1,500만원 이하 :   350만원 +   500만원 초과분의 40%
- 1,500만원 초과 ∼ 4,500만원 이하 :   750만원 + 1,500만원 초과분의 15%
- 4,500만원 초과 ∼   1억원 이하 : 1,200만원 + 4,500만원 초과분의 5%
-    1억원 초과 ∼   : 1,475만원 +   1억원 초과분의 2%

(−) 인적 공제

- 기본공제 : 근로자 본인, 연간소득금액 100만원 이하인 배우자 및 생계를 같이 하는 부양가족(1인당 연 150만원)
- 추가공제
    - 경로우대공제 : 만70세 이상(1인당 100만원)
    - 장애인공제 : 1인당 200만원
    - 부녀자공제 : 50만원
    - 한부모소득공제 : 100만원

(−) 연금보험료공제

- 국민연금보험료

(−) 특별공제

- 건강보험료 등
    - 건강보험료, 고용보험료 : 전액 공제
- 주택자금
    ① 주택마련저축 불입액의 40%(저특법상 소득공제)
    ② 주택임차입금원리금상환액의 40%
    ③ 장기주택저당차입금 이자상환액의 100%
    ④ 공제한도: ①+②+③(500만원 한도), ①+②(300만원 한도)

(−) 그 밖의 소득공제

- 개인연금저축 소득공제 : 저축불입액의 40%(72만원 한도)
- 중소기업 창업 투자조합 출자 등 소득공제 : 투자금액의 10%(종합소득금액의 50% 한도)
- 신용카드 등 사용금액 소득공제 : 총 급여액의 25%를 초과한 금액의 15% 단, 전통시장사용분, 대중교통이용분, 직불 및 선불카드 사용분에 해당하는 경우는 초과한 금액의 30%(총 급여액의 20%와 300만원 중 적은 금액 한도)
- 우리사주조합 출연금 소득공제 : 출연금액(400만원 한도)

= 과세표준

(×) 기본세율

- ~ 1,200만원 이하 : 과세표준의 6%
- 1,200만원 초과 ~ 4,600만원 이하 : 과세표준의 15% − 108백만원
- 4,600만원 초과 ~ 8,800만원 이하 : 과세표준의 24% − 522백만원
- 8,800만원 초과 ~ 1억 5,000만원 이하 : 과세표준의 35% − 1,490백만원
- 1억 5,000만원 초과 ~ : 과세표준의 38% − 1,940백만원

(=) 산출세액
(-) 세액공제, 세액감면

- 근로소득 세액공제(공제한도는 총금액에 따라 상이함)
    - 산출세액 130만원 이하 : 산출세액×55%
    - 산출세액 130만원 초과 : 715,000 + 50만원 초과액의 30%
- 자녀 세액공제
    - 인당 15만원
    - 2인 초과시 인당 15만원 추가공제
    - 6세 이하 자녀가 2인 이상인 경우 인당 15만원 추가공제
    - 출생·입양공제 : 인당 30만원
- 특별 세액공제
    - 보험료 : 보장성보험료의 12%
    - 의료비 : 총 급여액의 3%를 초과한 의료비의 15%
    - 교육비 : 교육비 지급액 [본인 전액, 부양가족(대학교 인당 900만원 한도, 기타 교육과정 인당 300만원 한도)] 의 15%
    - 기부금 : 3,000만원까지 기부금의 15% + 3,000만원 초과 기부금의 25%(산출세액 한도)
- 정치자금기부금 세액공제 : 10만원까지의 기부금액×100/110
- 납세조합공제 : 종합소득 산출세액의 10%
- 주택자금차입금이자 세액공제 : (조특법 제92조의 4) 주택자금차입금에 대한 당해 연도 이자상환액의 30%
- 외국납부세액공제

(=) 결정세액
(-) 기납부세액
(=) 납부세액 또는 환급세액

☞ 각종 공제사항(보험료, 의료비, 신용카드, 주택자금)을 확인하고 싶을 때 : www.hometax.go.kr〉조회·발급〉연말정산 간소화〉소득·세액공제조회/발급

☞ 연말정산을 미리 한번 해보고 싶을 때 : www.hometax.go.kr/조회·발급/ 편리한 연말정산/예상세액 계산하기

Column 04
큰 박과 손 트는 데 쓰는 약

혜자가 장자에게 말했습니다.

"위 왕이 주신 큰 박씨를 심었더니 거기서 다섯 섬들이 박이 열렸다네. 거기다 물을 채웠더니 너무 무거워 들 수가 없었고, 바가지를 만들었더니 납작해서 아무것도 담을 수가 없었네. 크기만 하고 쓸모가 없어서 그냥 깨뜨려버렸네."

장자가 답했습니다.

"여보게, 자네는 큰 것을 잘 쓸 줄 모르는구먼. 송나라에 손 트지 않는 약을 만드는 사람이 있었다네. 그 사람은 손 트지 않는 약을 손에 바르고 대대로 빨래를 하는 일을 하고 살았지. 하루는 지나가던 행인이 그 얘기를 듣고, 금 백 냥에 약 만드는 비방을 팔라고 했네. 그 사람은 가족 회의를 열어서 "우리가 대대로 빨래 하는 일로 생계를 꾸려왔지만 여태까지 금 몇 냥밖에 벌지를 못했는데, 이제 그 비방을 금 백 냥에 사겠다는 사람이 있으니 팝시다" 라고 하였다네.

그 행인은 오 왕에게 찾아가서 그 약의 효험에 대해 설명을 했다네. 그때 마침 월 왕이 전쟁을 일으키자, 오 왕은 그 행인을 수군 대장으로 삼았고, 수군 대장은 수군들의 손을 트지 않게 할 수 있었으므로 싸움에서 크게 이길 수가 있었지. 승리의 보답으로 왕은 장군에게 많은 땅을 떼어주고 오 나라의 영주로 삼았지.

손 트지 않는 약은 하나인데, 한쪽은 빨래 하는 일을 하고 한 쪽은 영주가 될 수 있었다네. 똑같은 것이라도 쓰기에 따라 이렇게 달라질 수 있는 것이라네. 자네는 어찌하여 큰 박을 술통 삼아 강이나 호수에 띄워놓고 즐길 생각은 못하고, 납작해서 아무것도 담을 수 없다고만 말하는가? 자네는 아직도 작은 일에만 몰두하는 '위험한 마음'을 가지고 있네그려."

잘 생각해볼 필요가 있습니다. 우리가 너무 그릇이 작아서 지금 하고 있는 일에 안 맞는 건지, 혹시 너무 커서 그런 것은 아닌지, 우리가 살다보면 생각하지 못한 곳에서 좌절을 할 때가 있습니다. 내가 부족하다고 생각하는 부분에서 좌절하면 상관이 없는데, 때로는 나보다 못한 것들 때문에 좌절을 할 때도 있을 것입니다. 그때 한번 생각해보시기 바랍니다. 내가 너무 큰 박이어서 물을 뜰 때 쓰거나 물건을 담을 때 쓰는 박으로 쓰일 수 없는 것은 아닌지.

세상일 잘 안되면 이렇게라도 생각하면서 넘어가시기 바랍니다. "나는 정말 큰 박이라서 아직 사람들이 그 쓰임새를 모르는 것이다." 그러면 마음이 조금이나마 편해질 것입니다.

제5장

혼자서 하는 세무신고

I. 홈택스

II. 원천세 신고 – 원천징수 이행상황신고서의 작성

III. 부가가치세 신고 – 일반과세자

IV. 부가가치세 신고 – 간이과세자

V. 종합소득세 – 단순경비율

대한민국은 누가 뭐래도 IT 강국입니다. 전문가가 아니면 하기 어렵다는 건물 등기도 인터넷의 도움으로 아무렇지 않게 하는 것이 현실입니다. 이런 점에서 보면 세무신고도 크게 다를 것이 없습니다.

세무서에서는 **홈택스(www.hometax.go.kr)**라는 웹사이트를 만들어서 모든 세무신고를 홈택스에서 가능하도록 만들어놓았으며, 또한 정부에서도 홈택스에서 신고하는 전자신고를 장려하는 상황입니다.

우리가 사업을 한다면 어떠한 세무신고를 하여야 할까요?

우선, 법인사업자의 경우, 연간 벌어들인 소득을 신고하는 법인세 신고를 연 1회, 부가가치의 창출액을 신고하는 부가가치세 신고를 연 4회, 그리고 개인 소득자에게서 소득 지급 시 징수해놓은 세금을 신고하는 원천세 신고를 연 12회(또는 2회) 신고해야 합니다.

개인사업자의 경우, 연간 벌어들인 소득을 신고하는 종합소득세 신고를 연 1회, 부가가치의 창출액을 신고하는 부가가치세 신고를 연 2회, 개인 소득자에게서 소득 지급 시 징수해놓은 세금을 신고하는 원천세 신고를 연 12회(또는 2회) 신고해야 합니다.

사업자의 신고 의무를 정리하면 아래와 같습니다.

세금 종류 \ 사업자유형	법인사업자	개인사업자	비고
법인세	연 1회	해당사항 없음	12월말 법인은 3월 말까지 신고 납부
종합소득세	해당사항 없음	연 1회	5월 1일 ~ 5월 31일 사이에 신고 납부
부가세	연 4회	연 2회	- 법인 사업자 : 각 분기의 다음달 25일까지 총 4회 - 개인사업자(일반) : 예정 고지 세액 2회 납부, 각 반기의 다음달 25일까지 연 2회 신고 납부 - 개인사업자(간이) : 예정 고지 없음, 각 반기의 다음달 25일까지 연 2회 신고 납부
원천세	연 12회(연 2회)	연 12회(연 2회)	- 다음 월의 10일까지 신고 납부 - 반기별 납부 승인을 받은 경우 (10인 미만 사업장에 한함.) 반기 말 다음달의 10일까지 신고 납부

그렇다면, 세무신고라는 것이 사업자 본인이 직접 신고할 수 없을 정도로 복잡할까? 전문가의 도움 없이 세무신고는 불가능한 것일까? 모든 사업자들이 세무수수료를 지불할 때마다 궁금해하는 질문입니다. 정답은 꼭 그렇지만은 않다는 것입니다. 사업자 본인이 조금만 배울 자세가 되어 있다면, 세무신고 중에 일부는 그리 어렵지 않게 할 수 있을 것입니다.

법인세나 종합소득세(기장사업자)의 경우는 장부를 작성하고 손익계산서를 작성해야만 신고할 수 있기 때문에 세무 지식뿐만 아니라 회계 지식도 필요합니다. 그러므로 세무 전문가를 이용하는 것이 더 효율적이나, 그 이외의 부가세 신고, 원천세 신고, 종합소득세(추계신고 - 단순 경비율) 신고의 경우 홈택스를 이용한다면 약간의 노력으로도 손쉽게 신고를 할 수 있을 것입니다.

세무는 멀리 있는 것이 아닙니다. 선시어외(先始於隗)라는 말이 있습니다. 가까운 것부터 시작하라는 말인데요, 가장 쉬운 세금부터 스스로 신고하다 보면 언젠가는 가장 어려운 세금 또한 스스로 신고하는 날이 올 것입니다. 약간의 노력으로 연간 수백만원의 납세 순응 비용을 아낄 수 있다는 것은 사업을 하는 사람이라면 꼭 한번 고려해봐야 할 사항입니다.

여기에서는 홈택스는 어떻게 가입하고 어떤 서비스를 제공하는지에 대해 간략히 설명하고, 일반인들도 관심만 가지면 쉽게 신고할 수 있는 원천세 신고, 부가세 신고(일반, 간이), 종합소득세(단순경비율) 신고에 대하여 설명하도록 하겠습니다.

이 장의 주요 목적은 스스로 세무신고를 하는 방법을 안내하는 것에 있습니다. 따라서, 홈택스를 이용하여 신고하는 방법 중에 사업자들이 가장 일반적으로 접하게 되는 부분만을 설명하도록 하겠습니다.

그러면, 지금부터는 이 여행의 마지막 행선지인 혼자 하는 세무신고에 대한 길을 떠나보도록 하겠습니다.

I 홈택스

1. 홈택스에 가입하는 방법

홈택스에 가입하는 방법은 두 가지입니다.

가입 방법

(1) 온라인 가입 온라인에서 홈택스에 가입하기 위해서는 납세자가 공인인증서를 보유하고 있어야 합니다. 공인인증서는 은행거래에서 사용되는 인증서 및 온라인 상에서 사용하는 거의 모든 인증서가 사용 가능합니다. 납세자가 원하는 경우는 세무서에 방문하여 홈택스용 공인인증서를 신청하여 발급받을 수도 있습니다. 홈택스 홈페이지에서 회원가입을 클릭하시고, 개인 정보를 입력하시면 쉽게 홈택스에 가입하실 수 있습니다.

(2) 세무서에 방문하여 가입하는 방법 신분증을 소지하고 세무서에 방문, 홈택스 가입신청서를 작성하여 제출하면 홈택스에 가입할 수 있습니다.

공인인증서를 사용하지 않는 경우 홈택스에서 제공하는 서비스 중 일부(증명서 중 일부, 세금 납부, 세금 고지)를 제공받을 수 없기 때문에 가능하면 공인인증서로 가입하는 것이 홈택스 서비스를 보다 효율적으로 이용하는 방법이라고 할 수 있습니다.

2. 홈택스에서 제공하는 서비스

홈택스에서는 각종 증명서 발급, 세금신고 및 납부, 과세자료 제출, 세무서류 신고 및 신청을 온라인상으로 수행할 수 있으며, 납세자의 세무에 관련된 정보를 조회할 수도 있습니다. 따라서, 홈택스에 가입한 납세자는 세무에 관련된 업무에 관해서는 세무서에 방문할 필요 없이 집에서 모든 세무 업무를 처리할 수가 있습니다.

(1) 증명 발급

홈택스에 가입한 납세자의 경우는 세무서에 방문하지 않고 세무서에서 발급해주는 모든 증명서를 발급받을 수 있습니다.

홈택스에서 발급하는 증명서는 아래와 같습니다.

① 사업자등록 증명
② 휴업사실 증명
③ 폐업사실 증명
④ 납세증명서
⑤ 납세사실 증명
⑥ 소득금액 증명
⑦ 부가가치세과세표준 증명
⑧ 부가가치세면세사업자수입금액 증명
⑨ 표준재무제표 증명

(2) 세금신고

홈택스에서는 모든 세무신고를 온라인으로 할 수 있습니다.

홈택스에서 전자신고가 가능한 세금은 아래와 같습니다.

① 부가가치세
② 법인세
③ 원천세
④ 개별소비세
⑤ 교육세
⑥ 사업장현황 신고서
⑦ 인지세
⑧ 증권거래세
⑨ 주세
⑩ 세금신고 삭제요청서
⑪ 공익법인 보고서

(3) 전자고지 / 세금납부

홈택스에서는 납부고지서를 발급받을 수 있으며, 세금 또한 납부할 수 있습니다. 그리고 납부한 세금을 확인도 가능합니다.

홈택스에서 납부할 수 있는 세금은 아래와 같습니다.

① 신고분 납부
② 고지분 납부
③ 자진 납부
④ 타인세금 납부
⑤ 납부기한 후 납부
⑥ 체납세액 조회
⑦ 지방소득세연계 납부

(4) 과세자료 제출

홈택스에서는 제출의무가 있는 각종 지급조서 및 과세자료를 제출할 수 있습니다.

홈택스에서 제출할 수 있는 과세자료는 아래와 같습니다.

① 일용근로소득 지급명세서
② (근로, 퇴직 등) 지급명세서
③ 주류판매기록부
④ 승용면세
⑤ 특정시설물 이용권 명의개서 조서
⑥ 비영리.면세법인 (세금)계산서

(5) 세무서류 신고 / 신청

홈택스에서는 각종 세무 관련 서류를 신고 또는 신청할 수 있습니다.

홈택스에서 신고·신청할 수 있는 세무서류는 아래와 같습니다.

① 사업자등록신청
② 사업자정정신고
③ 사업자등록증(재)발급신청
④ 휴업(폐업)신고
⑤ (휴업자) 재개업신고
⑥ 비거주자 등의 국내원천소득납세사실증명
⑦ 거주자 증명
⑧ 원천징수세액 반기별 납부승인 신청
⑨ 계좌개설(변경)신고
⑩ 간이과세포기신고
⑪ 기타 세법상의 신고 신청

(6) 조회서비스

홈택스에서는 각종 신고 납부한 세금 내역을 조회할 수 있고, 기타 세무와 관련된 개인 정보 또한 조회할 수 있습니다.

홈택스에서 조회 가능한 각종 세무정보는 아래와 같습니다.

① 전자 세금계산서
② 편리한 연말정산(예상세액 계산 및 간편제출 포함)
③ 연말정산 간소화(소득·세액공제 조회·발급 포함)
④ 세금신고 내역
⑤ 세금납부 내역
⑥ 사업자등록상태 조회
⑦ 환급금 조회
⑧ 세금포인트 조회
⑨ 소득세중간예납세액 조회
⑩ 부가세예정고지세액 조회
⑪ 현지기업고유번호 조회
⑫ 법인세중간예납세액 조회
⑬ 신용카드매출자료 조회
⑭ 종합부동산세 납세자 확인
⑮ 나의 세무대리 정보 관리
⑯ 사업용계좌신고 현황 조회

II
원천세 신고
- 원천징수 이행상황신고서의 작성

　원천징수 이행상황신고서는 원천징수세액을 신고하는 신고절차로서 근로자를 고용하고 있는 사업자라면 반드시 해야 하는 신고 절차입니다.

　원천징수 이행상황신고서는 사업주가 과세사업자가 아닌 개인(근로소득자, 퇴직소득자, 사업소득자, 기타소득자)에게 지급한 소득과 그들을 대신해서 떼어 놓은(원천징수) 세금을 신고하는 신고서입니다. 우리가 일상적으로 가장 흔하게 접하게 되는 원천징수 대상소득은 급여라 할 수 있습니다.

　사업주가 직원들에게 급여를 지급했을 때 사업주는 직원의 근로소득세를 원천징수하고, 원천징수 이행상황신고서에 급여액과 원천징수세액을 집계하여 신고하면 됩니다. 그리고 급여 이외의 다른 소득(퇴직금, 사업소득, 기타소득)을 과세사업자가 아닌 개인에게 지급한 경우에도 소득 지급액과 그에 관련된 세액을 원천징수 이행상황신고서를 통해 세무서에 신고하여야 합니다.

　신고기한은 당월에 원천징수한 세액을 익월 10일까지 신고하도록 되어 있습니다.

따라서, 일반적으로 연 12회를 신고해야 합니다. 단, 상용근로자가 10인 이하의 사업자가 반기별 신고 납부 승인을 받으면 연 2회, 매년 1월 10일(7월~12월)과 7월 10일(1월 ~ 6월)에 반기분 원천징수 내역을 신고할 수 있습니다.

홈택스에서 원천징수 이행상황신고서를 작성할 때의 핵심은 지급한 소득과 원천징수 세액을 소득별로 집계하여 각각의 소득과 세액의 집계액을 아래의 '2.원천징수세액 및 납부세액'에서 입력하는 것입니다.

원천세 신고 의무가 있는 납세자는 신고를 시작하기 전에 급여에 대한 집계표(급여지급대장)와 각종 지급조서(연말정산, 퇴직, 사업소득, 기타소득)를 먼저 정리하여 준비해놓아야 합니다.

납세자는 상기 서류를 준비한 후 홈택스 홈페이지에 접속하여 아래의 절차에 따라 자료를 입력하시면 됩니다.

1. 기본사항
2. 원천징수세액 및 납부세액
3. 환급세액조정

1. 기본사항 입력

가. 귀속연월 소득이 귀속되는 월을 입력합니다. 일반적으로 소득을 지급한 월과 일치합니다.

나. 지급연월 소득을 지급한 월을 입력합니다.

다. 사업자등록번호 사업자등록증에 있는 사업자등록번호를 입력합니다.

라. 소득종류선택 당월에 발생한 소득의 종류를 클릭합니다. 예를 들어 종업원에 급여를 지급한 경우에는 근로소득을 클릭하면 됩니다.

마. 기타 홈택스를 가입할 때 입력된 정보들이 자동으로 나타납니다.

바. [다음]을 클릭하면 다음 화면(원천징수세액 및 납부세액)으로 이동합니다.

| 가. 귀속연월 | 나. 지급연월 | 다. 사업자등록번호 | 라. 소득종류선택 | 마. [다음] |

2. 원천징수 세액 및 납부세액

가. 근로소득 간이세액 연중에 근로자에게 지급한 급료와 간이세액조견표에 의해 원천징수한 소득세를 입력합니다.

나. 근로소득 중도퇴사 연중에 퇴사한 직원의 연말정산 금액 및 세액을 입력합니다.

다. 근로소득 일용근로 일용근로자(아르바이트생)에게 지급한 일당 및 세액(일당 10만원 이상일 경우에 발생)을 입력합니다.

라. 근로소득 연말정산 연말정산 금액 및 세액을 입력합니다.

마. 퇴직소득 퇴직한 직원의 퇴직금과 세액을 입력합니다.

바. 사업소득 개인면세사업자에게 지급한 인적 용역 금액 및 세액을 입력합니다.

사. 기타소득 기타 원천징수대상(강사료, 경품등)소득금액 및 세액을 입력합니다.

아. [다음]을 클릭하면 다음 화면(환급세액조정)으로 이동합니다.

가. 간이세액   나. 중도퇴사   다. 일용근로   라. 연말정산   마. 퇴직소득   바. 사업소득   사. 기타소득   아. [다음]

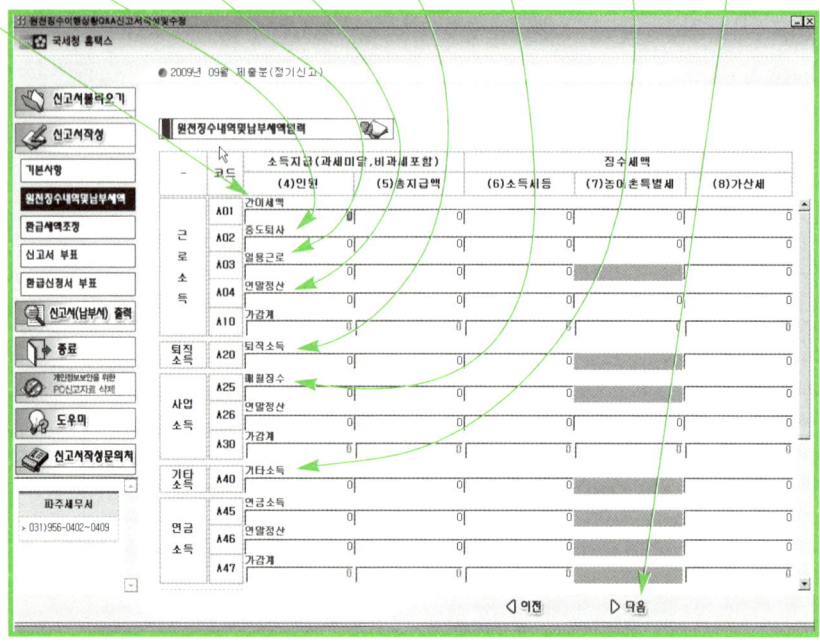

3. 환급세액조정

가. 전월미환급세액 연말정산 환급분 중에서 아직 사용하지 않은 환급액을 입력합니다.

나. 기타 자동으로 계산됩니다.

다. [다음]을 클릭하면 다음 화면(조정환급)으로 이동합니다.

가. 전월미환급세액   다. [다음]

라. 조정환급세액 조정 대상 환급세액의 범위 안에서 근로소득계로부터 배당소득계까지 순서대로 차감할 금액을 입력합니다.

마. [신고서 작성완료]를 클릭하면 오류를 점검하고 오류가 없으면 [신고서 보내기] 버튼으로 바뀌게 됩니다. 신고서 보내기 버튼을 클릭하면 신고는 완료되고 접수증이 화면에 보입니다.

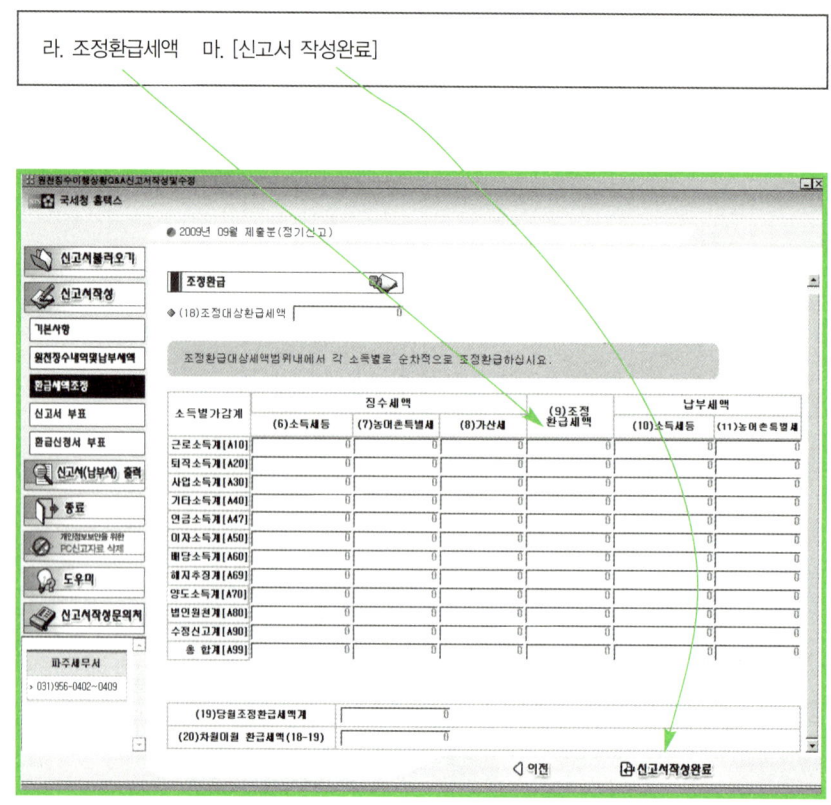

라. 조정환급세액   마. [신고서 작성완료]

　접수증을 출력하여 접수결과가 정상으로 되어 있는지 확인하고, 정상으로 표시되어 있으면 원천세 신고가 완료된 것입니다. 각종 서류는 정리하여 보관하고 출력한 납부영수증을 은행에서 납부하면 됩니다. 전자인증서를 보유하고 있는 경우는 홈택스를 통해 전자납부를 할 수 있습니다.

III 부가가치세 신고 - 일반과세자

부가가치세는 과세 사업자가 매출 부가가치세에서 매입 부가가치세를 차감하여 납부하는 신고 절차로서 연 4회 1월 25일, 4월 25일, 7월 25일 그리고 10월 25일까지 신고하도록 되어 있습니다.

부가가치세에 관련하여는 두 가지 형태의 사업자, 일반과세자와 간이과세자가 존재합니다. 일반과세자란 간이과세자 이외의 부가가치세 사업자를 말하며, 매출세액에서 매입세액을 차감한 금액을 부가가치세로 납부하는 사업자입니다. 그리고 간이과세자에 대한 설명은 다음 장에서 추가로 설명하도록 하겠습니다.

부가가치세 신고서는 매출세액에서 매입세액을 차감하여 부가가치세 납부액을 계산 및 신고하는 서식입니다.

홈택스에서 부가세신고서를 작성할 때의 핵심은, 거래처에 발행한 매출세금계산서를 사업자별로 공급가액 및 세액을 집계하여 2.(1)매출세금계산서 합계표에 입력하고, 거래처에서 수취한 매입세금계산서를 사업자별로 공급가액 및 세액을 집계하여 3.(1)매입처별세금계산서 합계표에 입력하여 신고하는 것입니다.

부가가치세를 신고하는 사업자는 먼저 각 분기(반기)동안 발행한 매출세금계산서와 교부 받은 매입세금계산서를 사업자등록번호 순서대로 정리하여 공급가액과 부가세액의 집계를 해놓아야 합니다.

납세자는 상기 서류를 모두 준비한 후 홈택스에서 접속하여 아래의 순서에 따라 자료를 입력하시면 됩니다.

1. 기본사항
2. 매출세액
　　(1) 매출처별 세금계산서 합계표
　　(2) 과세표준명세
3. 매입세액
　　(1) 매입처별 세금계산서 합계표
4. 납부할 세액 계산

1. 기본사항

가. 사업자등록번호 사업자등록증에 있는 사업자등록번호를 입력한 후 [사업자 조회]를 클릭합니다.

나. 기타 홈택스 가입할 때 입력된 정보가 자동 표시됩니다.

다. [다음]을 클릭하면 다음 화면(매출세액)으로 이동합니다.

가. 사업자등록번호   다. [다음]

2. 매출세액

가. 세금계산서교부분 매출에 관련된 정보를 입력하는 화면입니다. 해당 항목의 [작성] 버튼을 클릭하여 해당 매출 정보를 입력하는 화면으로 이동합니다.

나. [다음]을 클릭하면 다음 화면(매입세액)으로 이동합니다.

가. [작성]   나. [다음]

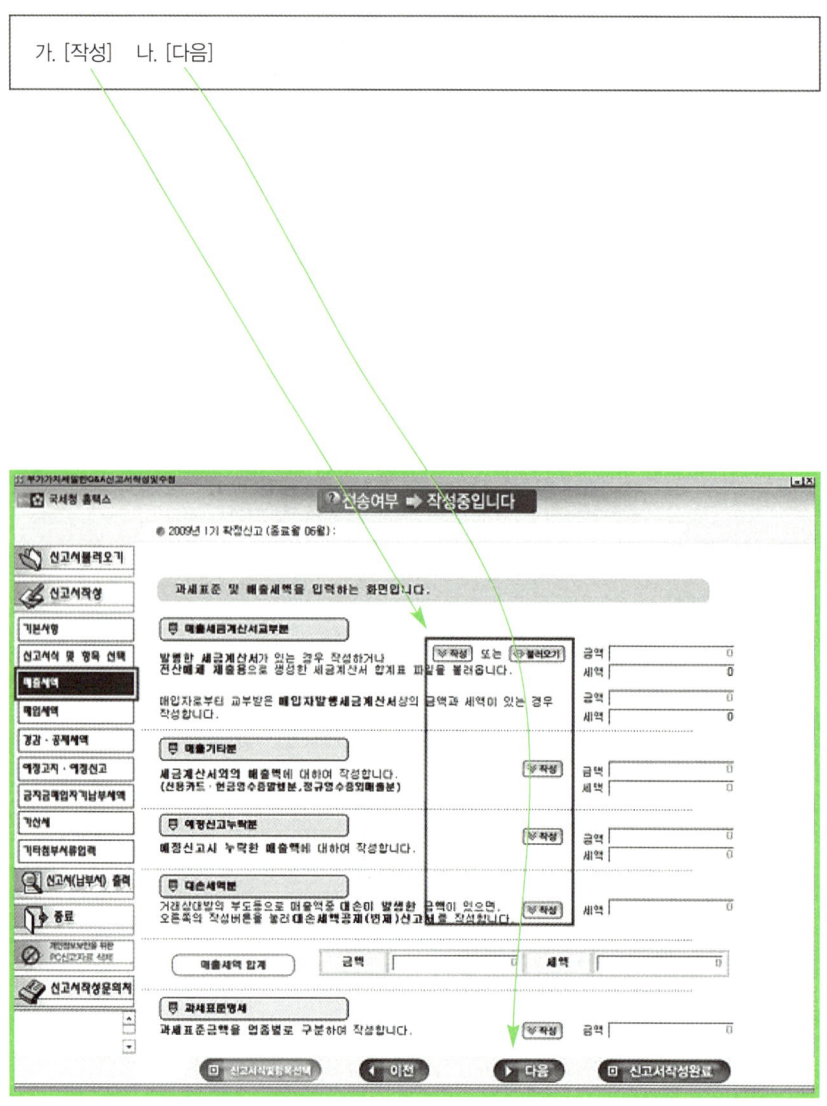

(1) 매출처별 세금계산서 합계표

매출 세금계산서를 매출처별로 집계하여 신고하는 화면입니다.

　　가. **과세구분** 과세구분을 클릭합니다.
　　나. **사업자등록번호** 매출 세금계산서의 공급받는자 사업자등록번호를 입력합
　　　　니다.
　　다. **상호** 매출 세금계산서 공급받는자 상호를 입력합니다.
　　라. **매수** 매출 세금계산서의 발행 매수를 입력합니다.
　　마. **공급가액** 매출 세금계산서의 공급가액을 입력합니다.
　　바. **세액** 매출 세금계산서의 공급가액을 입력합니다.
　　사. **[입력내용추가]를 클릭하시면** 매출처별 세금계산서 합계표에 포함됩니다.
　　아. **[입력완료]를 클릭하시면** 매출세액 화면으로 이동합니다.

가. 과세구분　나. 사업자등록번호　다. 상호　라. 매수　마. 공급가액　바. 세액　사. [입력내용추가]　아. [입력완료]

(2) 과세표준명세

기 입력한 매출금액을 업태, 종목별로 구분하여 입력하는 화면입니다.

가. 금액 상단에 표시된 이미 작성한 매출금액의 합계를 업태, 종목별로 구분하여 입력합니다.

나. [입력완료]화면을 클릭하면 매출세액 화면으로 이동합니다.

가. 금액   나. [입력완료]

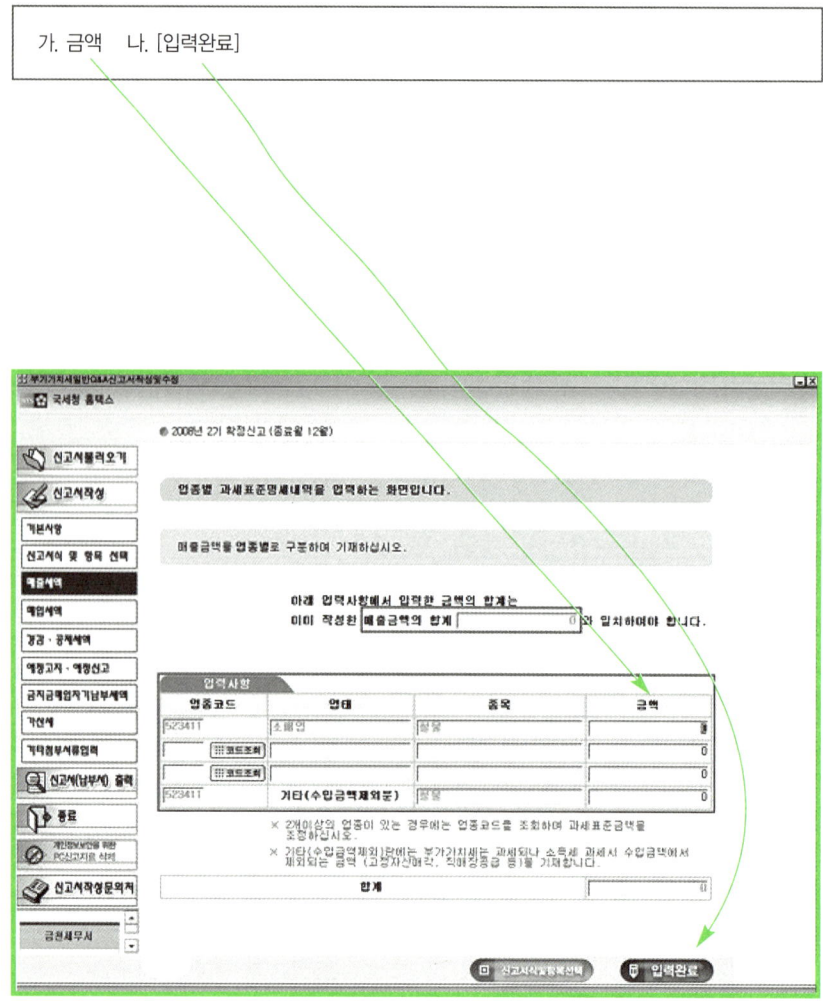

3. 매입세액

가. 세금계산서수취분 매입에 관련된 정보를 입력하는 화면입니다. 해당 항목의 [작성] 버튼을 클릭하여 매입세금계산서 합계표를 작성합니다.

나. [다음]을 클릭하면 다음 화면(경감 공제세액)으로 이동합니다.

다. [신고서 작성완료]를 클릭하면 부가가치세 신고시스템은 자동적으로 오류를 점검하고 오류가 없을 경우에는 납부할 세액계산 화면으로 이동합니다.

가. [작성]   나. [다음]   다. [신고서 작성완료]

(1) 매입처별 세금계산서합계표

거래처에서 수취한 매입 세금계산서를 거래처별로 집계하여 신고하는 화면입니다.

가. 과세구분 과세구분을 클릭합니다.
나. 사업자등록번호 매입 세금계산서의 공급자 사업자등록번호를 입력합니다.
다. 상호 매입 세금계산서 공급자 상호를 입력합니다.
라. 매수 매입 세금계산서의 발행 매수를 입력합니다.
마. 공급가액 매입 세금계산서의 공급가액을 입력합니다.
바. 세액 매입 세금계산서의 세액을 입력합니다.
사. [입력내용추가]를 클릭하시면 매입처별 세금계산서 합계표에 포함됩니다.
아. [입력완료]를 클릭하시면 매입세액화면으로 이동합니다.

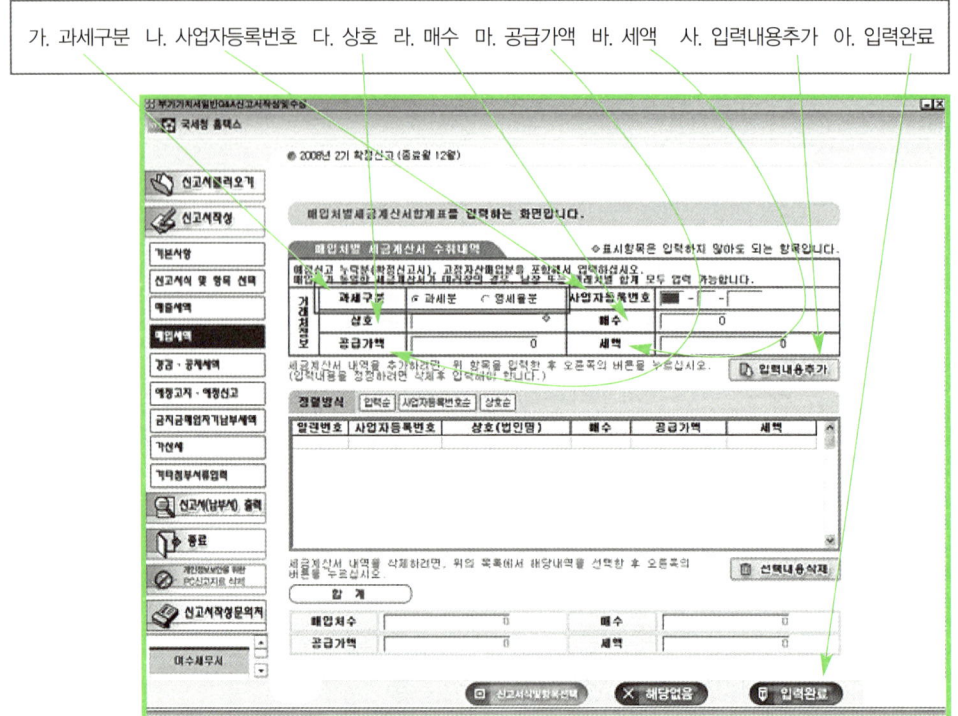

4. 납부할 세액 계산

납부할 세액을 확인하는 화면입니다.

가. [신고서 보내기]를 클릭하면 신고는 완료되고 접수증이 화면에 보입니다.

가. [신고서 보내기]

  접수증을 출력하여 접수 결과가 정상으로 되어 있는지 확인하고, 정상으로 표시되어 있으면 부가가치세 신고가 완료된 것입니다. 각종 서류는 정리하여 보관하시고 출력한 납부영수증을 은행에서 납부하시면 됩니다. 전자인증서를 보유하고 있는 경우는 홈택스에서 전자납부 서비스를 이용할 수 있습니다.

IV
부가가치세 신고 - 간이과세자

　　간이과세자란 직전 연도 공급대가가 4,800만원에 미달하는 개인사업자를 말하며, 7월 25일과 1월 25일 연 2회에 확정 신고 의무만 가지고 있는 과세사업자입니다. 업종에 따른 부가가치율을 매출세액 과세표준 및 매입세금 계산서 수취세액 공제 계산 시에 적용하므로 대체적으로 일반과세자보다는 납세부담이 적다는 것을 특징으로 하고 있습니다.

　　간이과세자 부가가치세 신고서는, 간이과세자 자체가 세금계산서를 발행할 수 없는 사업자이기 때문에 매출세액에서 매입세액을 차감하여 세액을 계산하는 형태가 아니라 매출금액에 부가가치율(10%, 20%, 30%)과 부가가치세율(10%)을 곱하여 납부세액을 계산하는 형태를 취하고 있습니다.

　　따라서 홈택스에서 간이과세자가 부가가치세 신고를 작성할 때 핵심은 매출액을 집계하여 '2.매출세액'에 입력하는 절차라 할 수 있습니다.

　　간이과세자가 부가가치세 신고를 준비할 때는 총 매출금액만 집계해놓으면 됩니다. 그리고 매입 세금계산서를 수취하였다면 거래처로부터 수취한 매입 세금계산서를 사업자등록번호 순서대로 집계해놓으면 됩니다.

간이과세자가 상기 서류를 준비하였다면 홈택스에 접속하여 아래의 절차에 따라 자료를 입력하시면 됩니다.

1. 기본사항
2. 매출세액
3. 공제세액
　(1) 매입처별 세금계산서 합계표
4. 과세표준명세
5. 납부할 세액 계산

1. 기본사항

가. 사업자등록번호 사업자등록증에 있는 사업자등록번호를 입력한 후 [사업자조회]를 클릭합니다.

나. 업종선택 사업자등록증에 있는 업종을 선택합니다.

다. 기타 홈택스에 가입할 때 입력된 정보가 자동 표시됩니다.

라. [다음]을 클릭하면 다음 화면(매출세액)으로 이동합니다.

```
가. 사업자등록번호    나. 업종선택    라. [다음]
```

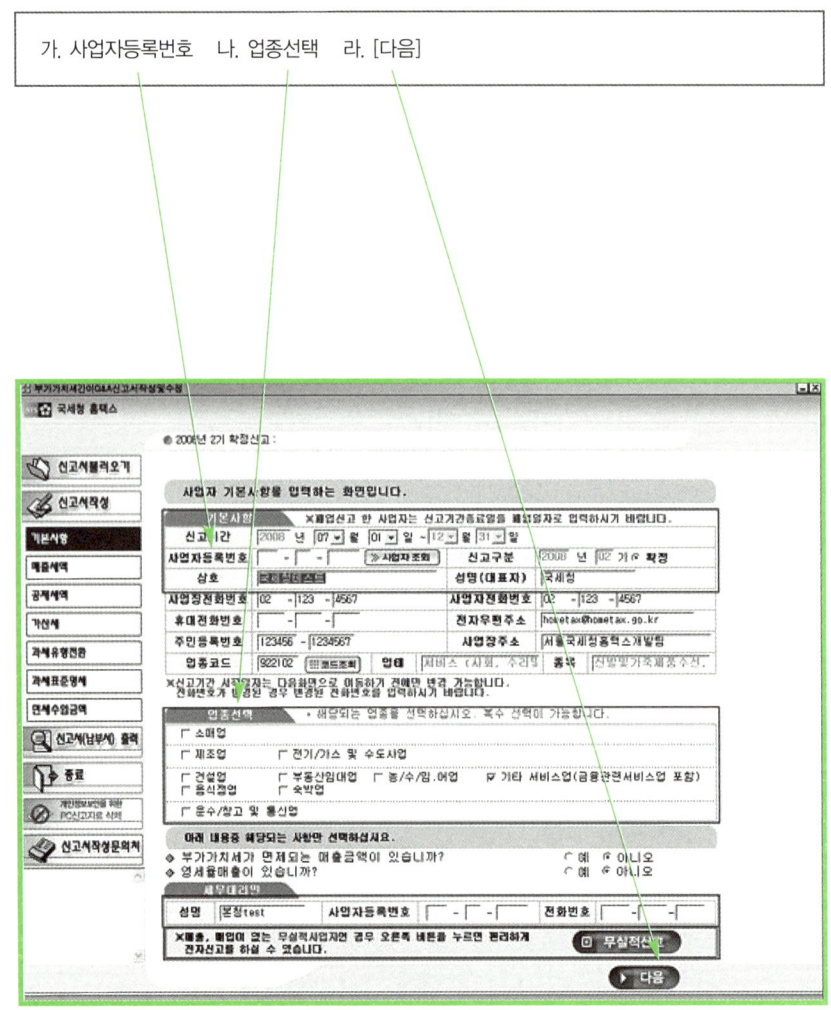

2. 매출세액

업종별로 과세분 매출금액을 입력하는 화면입니다. 간이과세자는 세금계산서를 발행할 수 없는 사업자이기 때문에 업종별 공급대가(VAT 포함액)를 합계하여 입력하는 것을 특징으로 합니다.

- **가. 신용카드(현금영수증, 전자화폐)매출금액** 업종별 신용카드 등 매출금액 합계액을 입력합니다. 신용카드 단말기에서 출력이 가능합니다.
- **나. 현금, 외상 등 매출금액** 신용카드 등 매출금액 이외의 매출금액 합계액을 입력합니다.
- **다. 신용카드 등 매출금액을 입력한 경우에는** 신용카드매출전표발행금액등 집계표의 [작성]을 클릭하여 집계표를 작성하여야만 신용카드 발행 세액공제를 받을 수 있습니다.
- **라. [다음]을 클릭하면** 다음 화면(공제세액)으로 이동합니다.

가. 신용카드 등 매출금액   나. 현금, 외상 등 매출금액   다. [작성]   라. [다음]

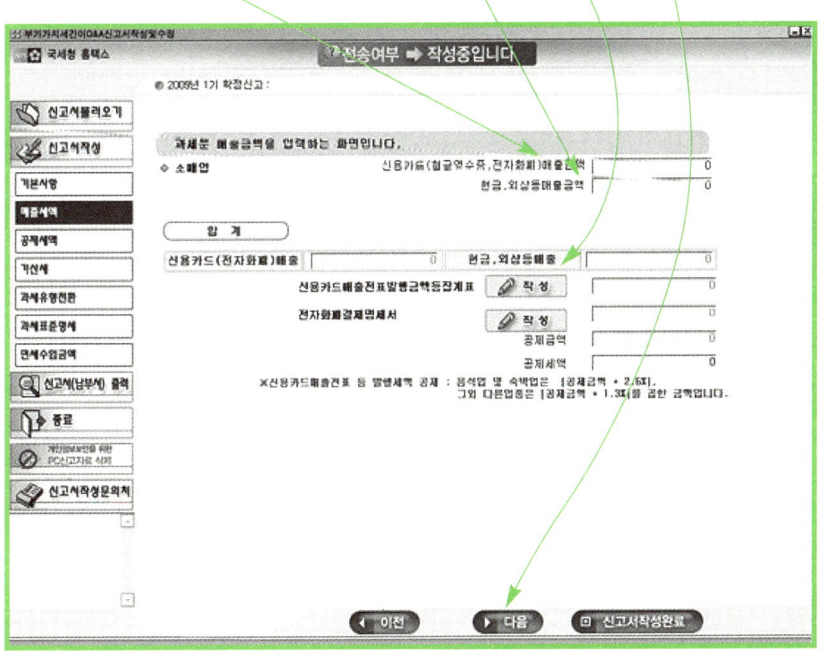

3. 공제세액

가. [작성] 버튼을 클릭하여 매입처별 세금계산서 합계표를 작성합니다.

나. [신고서 작성완료]를 클릭하면, "가산세가 있습니까" 라는 메시지가 나옵니다. "아니오"를 클릭하면 "과세유형전환자입니까" 라는 메시지가 나옵니다. "아니오"를 클릭하면 오류를 점검하고 납부할 세액 계산 화면으로 이동합니다.

가. [작성]   나. [신고서 작성완료]

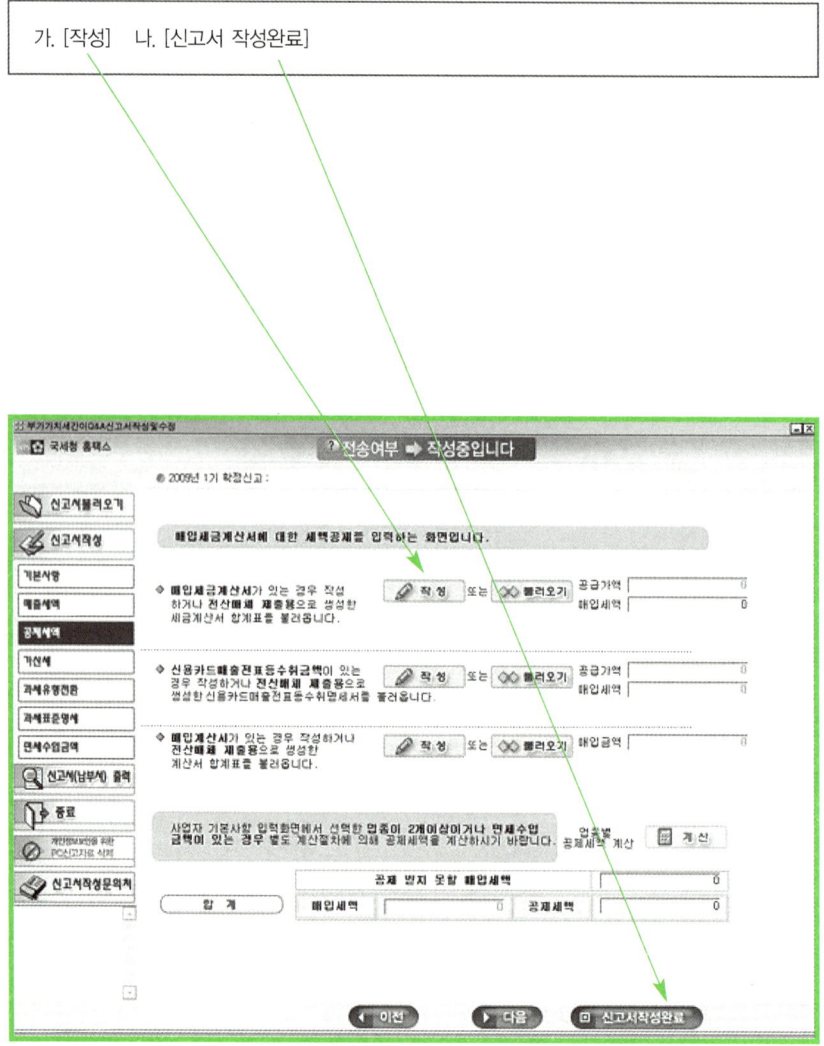

(1) 매입처별 세금계산서 합계표

일반과세자로부터 수취한 세금계산서를 거래처별로 집계하여 신고하는 화면입니다.

　가. 과세구분 과세구분을 클릭합니다.
　나. 사업자등록번호 매입 세금계산서의 공급자 사업자등록번호를 입력합니다.
　다. 상호 매입 세금계산서 공급자 상호를 입력합니다.
　라. 매수 매입 세금계산서의 발행 매수를 입력합니다.
　마. 공급가액 매입 세금계산서의 공급가액을 입력합니다.
　바. 세액 매입 세금계산서의 부가가치세액을 입력합니다.
　사. [입력내용추가]를 클릭하시면 매입처별 세금계산서 합계표에 포함됩니다.
　아. [입력완료]를 클릭하시면 공제세액 화면으로 이동합니다.

4. 과세표준명세

기 입력한 매출금액을 업태, 종목별로 구분하여 입력하는 화면입니다.

가. 금액 상단에 표시된 이미 작성한 매출금액의 합계를 업태, 종목별로 구분하여 입력합니다.

나. [다음]을 클릭하면 공제세액 화면으로 이동합니다.

가. 금액 　 나. [다음]

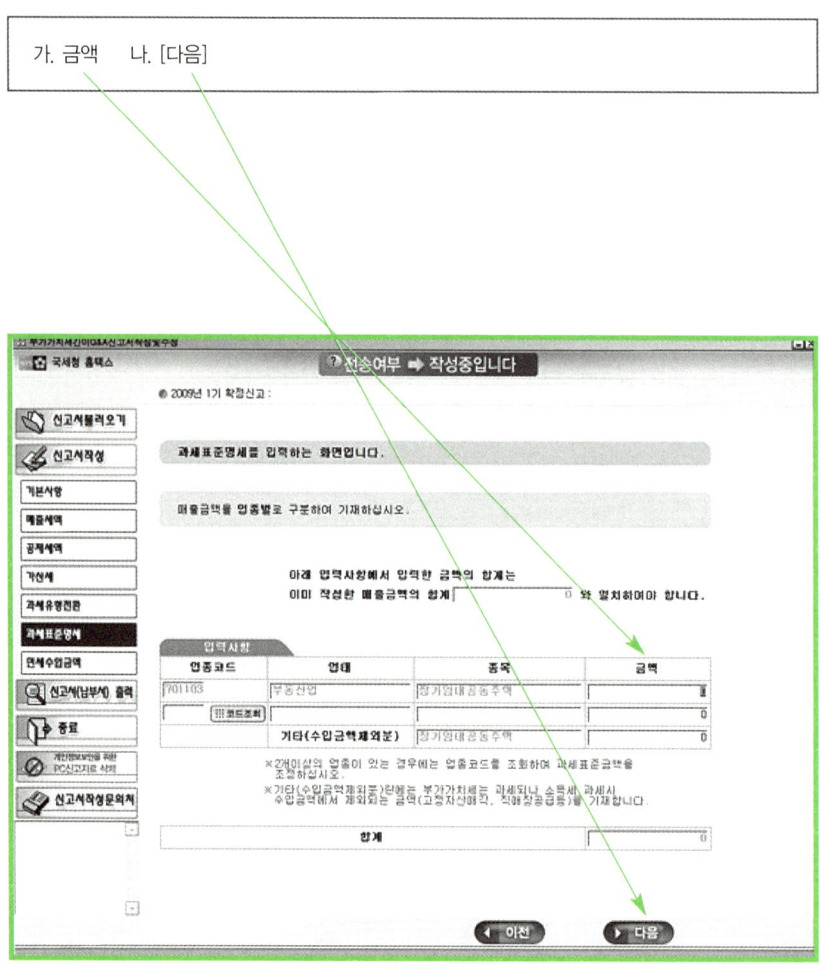

5. 납부할 세액 계산

납부할 세액을 확인하는 화면입니다.

가. [신고서 보내기]를 클릭하면 신고는 완료되고 접수증이 화면에 보입니다.

가. [신고서 보내기]

접수증을 출력하여 접수 결과가 정상으로 되어 있는지 확인하고, 정상으로 표시되어 있으면 부가가치세 신고가 완료된 것입니다. 각종 서류는 정리하여 보관하시고 출력한 납부영수증을 은행에서 납부하시면 됩니다. 전자인증서를 보유하고 있는 경우에는 홈택스의 전자납부 서비스를 이용할 수 있습니다.

V
종합소득세 - 단순경비율

소득이 있는 모든 개인은 1년에 1번 매년 5월에 종합소득세를 신고하여야 합니다.

단, 근로소득만 있는 개인은 연말정산 신고가 종합소득세 신고를 갈음하게 되므로 추가로 신고할 필요는 없습니다. 근로소득 연말정산의 경우는 본인이 직접 신고하는 것이 아니고 회사에서 대신 신고를 해주는 것이므로 신고 절차 자체에 일반인들이 관심을 갖지는 않습니다. 그러나 종합소득세의 경우는 사업자 본인이 신고서를 작성해서 신고하여야 하므로, 사업자라면 종합소득세 신고 자체에도 관심을 갖게 되는 것입니다.

사업자가 소득세를 신고하는 방법은 크게 두 가지로 나눌 수 있습니다. 하나는 수입과 지출을 장부에 기장하여 실질 소득금액을 신고하는 일반 신고이고, 하나는 경비를 대충 계산해서 신고하는 추계신고입니다.

추계신고의 경우도 두 가지로 형태로 구분이 되는데 전체 경비를 추계하는 단순경비율 추계신고와, 주요 경비(재고매입비용+임차료+인건비)는 실질 경비로 하고 나머지는 대충 계산하는 기준경비율 추계신고가 있습니다.

일반신고 사업자와 기준경비율 사업자의 경우는 세무 지식이 없는 일반사업자가 직접 신고를 하기에는 약간의 무리가 있어서 여기서는 다루지 않겠습니다. 여기에서는 누구나 조금만 관심을 가지게 되면 스스로도 신고가 가능한 단순경비율 사업자의 신고에 대해서 설명하도록 하겠습니다.

아래의 기준금액 미만의 사업자만이 단순경비율 사업자에 해당이 됩니다.

업종	기준금액(아래 금액 미만인 경우 단순경비율에 해당)
농업, 어업, 광업, 도매업 및 소매업 등	6,000만원
제조업, 음식 및 숙박업, 건설업, 운수업 등	3,600만원
부동산임대업, 각종 서비스업 등	2,400만원

종합소득세 신고서(단순경비율)는, 수입에서 추계경비(수입×단순경비율)를 차감하여 소득을 계산하고 소득에서 소득공제를 차감하여 과세표준을 계산한 후 세율을 적용하여 납부세액을 계산하는 신고서입니다.

단순경비율 신고의 핵심은 '2. 소득공제'에서 인적공제 및 기부금 공제 사항을 입력하는 것과 '3. 세액계산'에서 수입을 입력하여 소득을 계산하는 것입니다.

따라서, 종합소득세 신고서(단순경비율)를 제출하는 납세자는 주민등록등본, 기부금 영수증을 준비하고, 수입액을 홈택스 조회서비스에서 조회하여 알고 있어야 합니다.

상기의 서류를 준비한 납세자는 아래의 순서에 따라 자료를 입력하여 신고를 진행합니다.

입력할 사항
1. 기본사항
2. 소득공제
3. 세액계산

1. 기본사항

납세자의 인적 정보 및 사업에 관련한 일반 정보를 입력하는 화면입니다.

- **가. 주민등록번호** 주민등록번호를 입력한 후 [확인]을 클릭합니다.
- **나. 사업자등록번호** 사업자등록증에 있는 사업자등록번호를 입력한 후 [확인]를 클릭합니다.
- **다. 업종코드** [코드조회]를 클릭하여 업종코드를 선택합니다.
- **라. 내 외국인을** 선택합니다.
- **마. 거주구분을** 선택합니다.
- **바. 기타** 홈택스 가입할 때 입력된 정보가 자동 표시 됩니다.
- **사. [다음]을 클릭하면** 다음 화면(소득공제)으로 이동합니다.

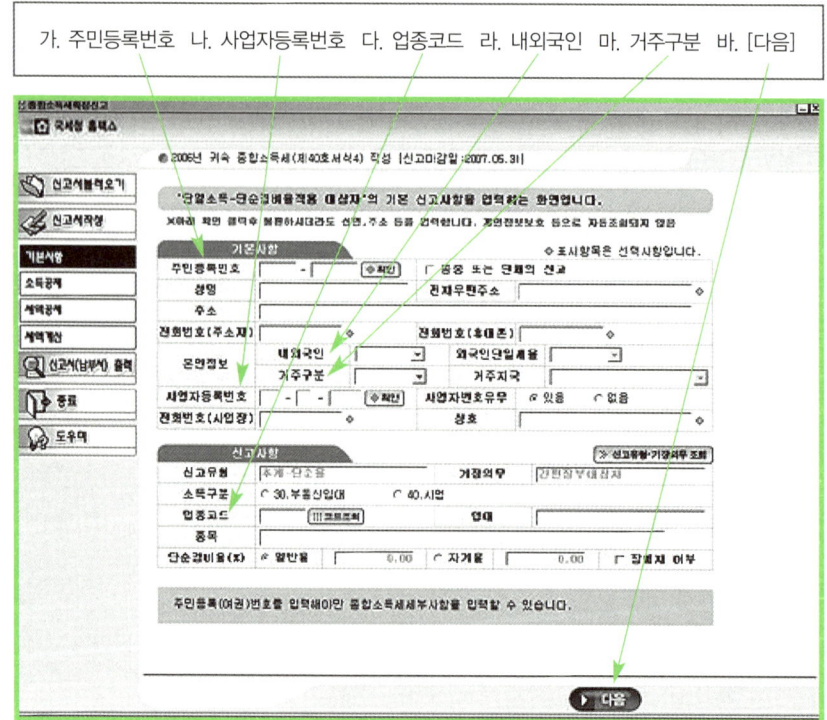

2. 소득공제

소득공제 내역을 입력하는 화면입니다.

> **가. 소득공제내역** 본인 및 부양가족의 인적사항을 입력합니다. 주민등록번호, 성명을 입력한 후 본인과의 관계를 선택하면 가능한 인적공제항목이 굵은 글씨로 표시됩니다. 해당하는 인적공제항목을 선택한 후 [입력내용추가]를 클릭하면 기본공제자명세에 공제자료가 추가되며 인적공제금액이 자동 계산됩니다.
>
> **나. 기부금 공제** [기부금공제자동계산]을 클릭하여 기부금 지급액을 입력합니다.
>
> **다. 개인연금저축액, 연금저축액, 연금보험료** 연금 등 납부액은 신고서 화면에 자동 표시됩니다.
>
> **라. [다음]을 클릭하면** 다음 화면(세액공제)으로 이동합니다.

제4장 세금상식 - VIII.근로소득 연말정산 참조

3. 세액계산

과세표준확정신고서상의 세액을 계산하는 화면입니다.

가. 총수입금액 매출액을 입력합니다. 홈택스의 조회서비스/수입금액조회에서 확인할 수 있습니다.

나. 단순경비율에 의한 필요경비 자동 계산됩니다. 단, 여러 가지 업종을 겸업하고 있는 경우는 [필요경비계산]을 클릭하여 업종별로 각각 필요경비를 계산합니다.

다. [신고서 작성완료]를 클릭하면 오류를 점검하고 오류가 없으면 [신고서 보내기] 버튼으로 바뀌게 됩니다. 신고서 보내기 버튼을 클릭하면 신고는 완료되고 접수증이 화면에 보입니다.

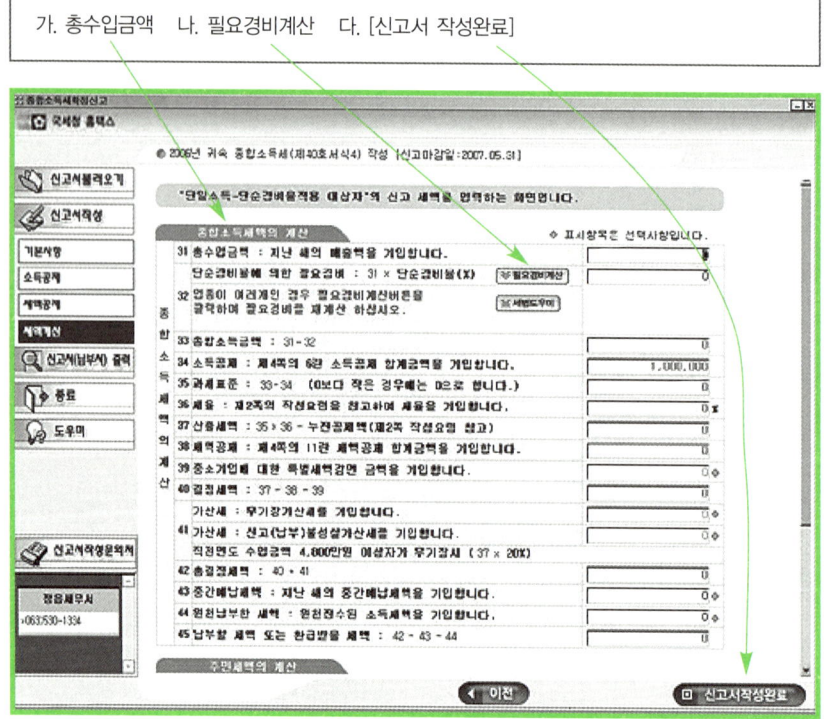

접수증을 출력하여 접수 결과가 정상으로 되어 있는지 확인하고, 정상으로 표시되어 있으면 종합소득세 신고가 완료된 것이므로 각종 서류는 정리하여 보관하시고 출력한 납부영수증을 은행에서 납부하시면 됩니다. 전자인증서를 보유하고 있는 사업자는 홈택스의 전자납부 서비스를 이용할 수 있습니다.

Column 05

선시어외 [先始於隗]

우선 외부터
시작하십시오.

전국시대 연나라 소왕이 제위에 올랐을 때 안으로는 내분으로 밖으로는 제나라의 침범으로 국력이 약해질 대로 약해져 있었습니다. 소왕은 제나라에게 빼앗긴 땅을 만회하기 위해서는 뛰어난 인재의 등용이 가장 중요하다고 생각하여 당시 재상 곽외를 불러 훌륭한 인재를 끌어들이는 방책에 대해 물었습니다.

곽외가 말하기를 "옛날에 어느 왕이 천금으로 천리마를 구하려고 노력하였으나 3년 동안이나 구하지 못하고 있었습니다. 그러던 어느 날 잡일을 맡아서 보던 하급 관리가 천리마를 구하여 오겠다고 스스로 요청하였습니다. 그는 석 달 동안을 돌아다닌 후 천리마가 있는 곳을 알아냈으나 그곳에 도착했을 때 천리마는 이미 죽고 난 후였습니다. 그러나 그는 죽은 천리마의 뼈를 오백 금을 주고 사가지고 돌아왔습니다. 죽은 말의 뼈를 오백 금이나 주고 샀다는 말에 진노한 왕은 관리에게 이유를 물었습니다. 이때 그가 말하기를 '죽은 말도 오백 금을 주고 살 것이면, 천리마는 사러 사람들이 원할 것은 가격을 부르기 위해 돋대로 있습니다.' 라고 확답을 했습니다. 왕은 반신반의 하였지만 1년도 안 되어서 천리마를 세 마리나 보유하게 되었다고 합니다. 그러자 곽외는 "전하께서 진정으로 지혜롭고 우수한 인재를 원하신다면 우선 저 외부터 등용하십시오"라고 간언하였다고 합니다.

소왕은 곽외의 말대로 곽외를 등용하였고 극진히 대우하기 위해 황금대라는 궁전까지 지어 머물게 했다고 합니다. 이 소식이 전국 방방곡곡에 전해지자 천하의 인재들이 연나라로 모여들었는데 그 중에는 명장 악의, 음양오행설의 추연, 대정치가 극신 같은 인재들도 포함되어 있었습니다. 이러한 훌륭한 인재들을 얻게 된 소왕은 이들의 도움으로 훗날 제나라에 원수를 갚을 수 있었다고 합니다.

선시어외라는 말은 구하는 것이 있으면 먼 곳에서 찾을 것이 아니라 가까운 곳에서부터 시작하라는 뜻으로 쓰이는 사자성어입니다.

맺음말

　짧지 않은 여정이었지만 회계의 기초부터 시작하여 혼자 하는 세무신고까지 숨가쁘게 걸어왔습니다. 현재의 우리 상태를 산행에 비추어본다면 지금 막 산행을 마친 것과 같은 상태라 할 수 있습니다.

　산 정상에서 주변 경관을 한번 둘러보기는 했지만, 그렇다고 우리가 회계와 세무의 산을 정복했다고 말할 수는 없을 것입니다. 우리는 단지 등산로를 걸어보았고 그리고 정상에 올라 산이 어떤 모양을 하고 있는지 보았을 뿐입니다.

　그러나 진정으로 산을 정복하는 데 있어서는 산의 윤곽을 아는 사람과 산이 어떻게 생겼는지 전혀 모르는 사람은 말할 수 없는 차이가 있습니다. 회계와 세무는 앞으로 살아가면서 벗어나고 싶어도 벗어날 수 없는 실생활의 필수품 같은 영역입니다.

　나이가 들면 들수록 회계와 세무는 더 피부에 와닿을 것입니다. 어차피 피할 수 없는 것이라면 의연하게 받아들여 즐기는 것이 현명하지 않을까 합니다. 제가 안내했던 이 길이 여러분들의 삶에 금전적인 도움으로 환원되길 바라며 이것으로 길 안내를 마무리하겠습니다.

여러분들의 앞길에 건투를 빕니다.

　여기에 제공되는 정보는 일반적인 정보에 해당하며, 특정한 개인이나 법인의 상황을 고려한 것이 아닙니다. 제공되는 정보와 제시된 의견에 정확성을 기하려 부단한 노력을 하였지만, 제공된 정보와 제시된 의견에 대하여 어떠한 보증도 할 수 없으며, 제공된 정보와 제시된 의견으로부터 발생하는 문제는 책임질 수 없습니다.

Appendix
::재무제표의 계정과목 해설

대차대조표

대차대조표 : 일정시점을 기준으로 재산목록에 해당하는 **자산을 차변(왼쪽)**에 채무목록에 해당하는 **부채와 자본을 대변(오른쪽)**에 나열함으로써 일정 시점에 있어서의 기업의 재무의 상태를 알게 해주는 재무제표이다.

자산	부채

1. 유동자산
    1-1. 당좌자산
    1-2. 재고자산
2. 고정자산
    2-1. 투자자산
    2-2. 유형자산
    2-3. 무형자산
	3. 유동부채
	4. 고정부채

	자본 5. 자본금 6. 자본잉여금 7. 이익잉여금 8. 자본조정과 기타 포괄손익누계액
자산총계	

자산 Assets

회사에게 미래의 현금유입을 가져오거나, 현금유출을 줄일 수 있으리라 기대되는 경제적 자원을 의미한다. 즉 나중에 돈을 벌어들이거나, 돈을 덜 나가게 해주는 것이 자산이라 할 수 있다.

1. 유동자산 : 1년 이내에 현금화되는 자산을 말한다. 유동자산은 당좌자산과 재고자산으로 분류한다.

    1-1. 당좌자산 : 즉시 현금화 할 수 있는 자산을 말한다. 당좌자산의 과목은 다음과 같다.

        1-1-1. 현금 및 현물등가물 : 비용이 들지 않고 바로 현금으로 바꿀 수 있는 금융상품을 말한다. 통화 및 타인발행수표 등 통화대용증권과 당좌예금·보통예금 및 현금등가물을 말하는데, 이 경우 현금등가물이라 함은 큰 거래비용 없이 현금으로 전환이 용이하고 이자율변동에 따른 가치변동의 위험이 중요하지 않은 유가증권 및 단기금융상품으로서 취득 당시 만기

(또는 상환일)가 3개월 이내에 도래하는 것을 말한다.

1-1-2. 단기금융상품 : 금융기관이 취급하는 정기 예·적금 중 만기가 1년 이내에 도래하는 것을 말한다.

1-1-3. 유가증권 : 주식·채권 등과 같은 유가증권 중 단기적 자금운용목적으로 소유한 것으로 한다. 즉, 잠깐 동안만 보유할 의도로 취득한 유가증권을 말한다.

1-1-4. 매출채권 : 매출채권이란 재화와 용역의 공급의 결과로서 고객으로부터 받아야 할 금액을 의미한다. 일반적 상거래에서 발생한 외상매출금과 받을 어음으로 구성된다.

* 대손충당금 : 매출채권의 차감계정으로서 매출채권 중 회수하지 못할 가능성이 있는 채권에 대하여 평가를 하여 비용을 인식한 계정을 말한다. 채권등에 대한 대손추산액은 당해 채권에 대한 대손충당금으로 하여 그 채권과목에서 차감하는 형식으로 기재한다.

1-1-5. 단기대여금 : 1년 내에 받을 수 있는 대여금을 말한다.

1-1-6. 미수금 : 일반적 상거래 이외에서 발생한 미수채권으로 한다. 상거래에 의해 발생한 채권은 매출채권으로 구분되고 상거래 이외에서 발생한 채권은 미수금으로 구분된다.

1-1-7. 미수수익: 당기에 속하는 수익 중 아직 받지 못한 금액을 의미한다. 이자수익의 경우는 이자의 수령 기일이 되어야만 통장을 통해 이자를 받은 것을 알 수가 있지만, 이자수익은 기간이 지나면 인식할 자격이 있는 것이다. 따라서, 당기에 인식할 자격이 있는 수익 중에서 증빙이 없어 수익을 인식하지 못했을 경우에는 회계 마감 시 미수수익 계정을 사용하여 수익을 인식하는 것이다.

1-1-8. 선급금 : 상품·원재료 등의 매입을 위하여 선급한 금액으로 한다. 즉, 선불금을 의미한다.

1-1-9. 선급비용 : 선급된 비용 중 1년 내에 비용으로 되는 것으로 한다. 미리 지불한 비용의 경우는 미래에 현금의 유출을 줄여줌으로써 미래의 경제적 효익을 늘려주어 자산으로 구분되는 것이다. 따라서 선급뒤 임차류, 선급된 보험료처럼 미리 지급된 비용은 사산항복인 선급비용으로 처리되는 것이다.

1-2. 재고자산 : 제조·판매 등의 과정을 거쳐 현금화할 수 있는 자산으로 재고자산의 과목은 다음과 같다.

1-2-1. 상품 : 판매를 목적으로 구입한 완성품을 말한다.

1-2-2. 제품 : 판매를 목적으로 제조한 완성품을 말한다.

1-2-3. 반제품 : 자가 제조한 중간제품과 부분품을 말한다.

1-2-4. 재공품 : 생산에 걸려있는 물품을 말한다.

1-2-5. 원재료 : 제조에 사용될 물품들을 말한다. 원료·재료·매입부분품·미착원재료 등으로 한다.

1-2-6. 저장품 : 제조와 관계없는 용도로 다량으로 보관하고 있는 물품을 말한다. 소모품·소모공

구기구비품 · 수선용부분품 및 기타 저장품으로 한다.

2. 고정자산 : 1년 이후에 현금화가 되는 자산을 말한다. 고정자산은 투자자산 · 유형자산 및 무형자산으로 분류한다.

   2-1. 투자자산 : 투자를 목적으로 보유하고 있는 자산을 말한다. 투자자산의 과목은 다음과 같다.

      2-1-1. 장기금융상품 : 유동자산에 속하지 아니하는 금융상품을 말한다.

      2-1-2. 투자유가증권 : 유동자산에 속하지 아니하는 유가증권. 즉, 1년 이상 투자를 목적으로 보유하고 있는 유가증권을 말한다.

      2-1-3. 장기대여금 : 유동자산에 속하지 아니하는 장기의 대여금으로 한다. 즉, 1년 이내에 받지 못하는 대여금을 말한다.

      2-1-4. 장기성 매출채권 : 유동자산에 속하지 아니하는 일반적 상거래에서 발생한 장기의 외상매출금 및 받을 어음으로 한다. 즉, 1년 내에 받지 못하는 매출채권을 말한다.

      2-1-5. 투자부동산 : 투자의 목적 또는 비영업용으로 소유하는 토지 · 건물 및 기타의 부동산을 말한다. 영업활동을 목적으로 보유하고 있는 부동산은 유형자산으로 구분하고, 영업활동과 관계없는 부동산을 보유하고 있는 경우는 투자부동산으로 구분된다.

      2-1-6. 보증금 : 나중에 돌려받을 수 있는 돈을 의미한다. 전세권 · 전신전화가입권 · 임차보증금 및 영업보증금 등으로 한다.

      2-1-7. 이연법인세차 : 일시적 차이로 인하여 법인세법 등의 법령에 의하여 납부하여야 할 금액이 법인세비용을 초과하는 경우 그 초과하는 금액이 이월결손금 등에서 발생한 법인세효과로 한다. 즉, 세법과 회계의 차이로 인하여 미리 납부하게 된 법인세의 효과를 처리하는 계정이다.

   2-2. 유형자산 : 영업에 사용되는 자산으로서 형태가 있는 자산을 말한다. 유형자산의 과목은 다음과 같다.

      2-2-1. 토지 : 대지 · 임야 · 전답 · 잡종지 등으로 한다.

      2-2-2. 건물 : 건물과 냉난방 · 조명 · 통풍 및 기타의 건물부속설비로 한다.

      2-2-3. 구축물 : 건축물 이외에 토지에 부착된 시설물을 말한다. 선거 · 교량 · 안벽 · 부교 · 궤도 · 저수지 · 갱도 · 굴뚝 · 정원설비 및 기타의 토목설비 또는 공작물 등으로 한다.

      2-2-4. 기계장치 : 기계장치 · 운송설비(콘베어 · 호이스트 · 기중기 등)와 기타의 부속설비로 한다.

      2-3-5. 차량운반구 : 철도차량 · 자동차 및 기타의 육상운반구 등으로 한다.

      2-3-6. 건설중인자산 : 유형자산의 건설을 위한 재료비 · 노무비 및 경비로 하되, 건설을 위하여 지

출한 도급금액 또는 취득한 기계 등을 포함한다. 즉, 설치가 마무리 되지 않아 아직 사용할 수 없는 유형자산을 처리하는 계정을 말한다.

* 감가상각누계액 : 감가상각비의 누적액을 처리하는 계정을 말한다. "감가상각비"란 수익창출을 위해 자산이 사용되는 기간 동안 가치의 감소액을 배분하는 과정을 말한다. 유형자산의 건물·구축물·기계장치·선박·차량운반구 및 기타의 유형자산에 대한 감가상각누계액은 그 자산과목에서 차감하는 형식으로 기재하거나 이를 일괄하여 유형자산의 합계액에서 차감하는 형식으로 기재할 수 있다.

2-3. 무형자산 : 영업에 사용되는 자산으로서 형태가 없는 자산을 말한다. 무형자산의 과목은 다음과 같다.

- 2-3-1. 영업권 : 합병 시에 장부가액을 초과하여 지급한 금액을 말한다. 합병·영업양수 및 전세권 취득 등의 경우에 유상으로 취득한 것으로 한다.
- 2-3-2. 산업재산권 : 일정기간 독점적·배타적으로 이용할 수 있는 권리로서 특허권·실용신안권·의장권 및 상표권 등으로 한다.
- 2-3-3. 광업권 : 일정한 광구에서 등록을 한 광물과 동 광상 중에 부존하는 다른 광물을 채굴하여 취득할 수 있는 권리로 한다.
- 2-3-4. 창업비 : 회사 설립 시 들어가는 제반 지출을 의미하는 것으로서 발기인의 보수·인수수수료·설립 등기비·주식발행비등 회사설립을 위하여 발생한 비용과 개업 준비 기간 중에 사업인·허가를 획득하기 위하여 발생한 비용 등으로 한다.
- 2-3-5. 개발비 : 신제품, 신기술 등의 개발과 관련하여 발생한 비용으로서 개별적으로 식별가능하고 미래의 경제적 효익을 확실하게 기대할 수 있는 것으로 한다. 즉, 돈이 될만한 것을 개발하는데 지출된 개발비는 무형자산으로 그 이외의 지출은 경상개발비로 처리 한다.

부채 Liabilities

외부인에 대한 채무 또는 외부인에 의한 자산의 청구권을 의미한다. 즉, 채무자에게 갚아야 할 빚을 의미한다고 할 수 있다.

3. 유동부채 : 만기가 1년 내에 도래하는 채무를 말한다. 유동부채의 과목은 다음과 같다.

- 3-1-1. 매입채무 : 일반적 상거래에서 발생한 외상매입금과 지급어음으로 한다.
- 3-1-2. 단기차입금 : 금융기관으로부터의 당좌차월 액과 1년 내에 상환될 차입금으로 한다.
- 3-1-3. 미지급금 : 일반적 상거래 이외에서 발생한 채무로 한다. 상거래에서 발생한 채무는 매입채무로 구분하고 상거래 이외에서 발생한 채무는 미지급금으로 구분한다.

3-1-4. 선수금 : 수주공사 · 수주품 및 기타 일반적 상거래에서 발생한 선수금액으로 한다. 지불한 회사의 입장에서는 선급금이 되는 것이고, 지불받은 회사의 입장에서는 선수금이 되는 것이다.

3-1-5. 예수금 : 일반적 상거래 이외에서 발생한 일시적 제 예수금액으로 한다. 즉, 타인의 채무를 일시적으로 보유하고 있을 때 사용하는 계정이다. 원천징수세액의 경우는 소득지급자가 소득자를 대신해서 세금을 신고 납부해 주게 되는데, 이때 신고 납부 기일이 도래할 때까지 원천징수액을 잠깐 보관하고 있게 되는데 이때 예수금 계정이 발생하는 것이다.

3-1-6. 미지급비용 : 발생된 비용으로서 지급되지 아니한 것으로 한다. 지급의무는 발생했으나 아직 지급 기일이 도래하지 않아 비용을 인식하지 않았을 때 비용을 인식하기 위하여 사용하는 계정이다. 이자 비용의 경우는 지급일이 도래하기 전에는 비용을 인식하지 않는 것이 일반적인데, 지급 기일이 도래하기 전이라 할지라도 지급의무는 발생한 것이다. 이렇게 지급의무는 발생했으나 지급 기일이 도래하지 않았을 때 일정 시점(일반적으로 마감시)에서 비용으로 인식하는 것이 미지급비용 계정이다.

3-1-7. 미지급법인세 : 법인세 등의 미지급액으로 한다.

3-1-8. 미지급배당금 : 이익잉여금처분계산서 상의 현금 배당액 등으로 한다.

3-1-9. 유동성장기부채 : 고정부채 중 1년 내에 상환될 것 등으로 한다. 장기차입금 등의 만기일이 1년 내로 도래하면 이때 유동부채로 구분하기 위하여 사용하는 계정이다.

3-1-10. 선수수익 : 받은 수익 중 차기 이후에 속하는 금액으로 한다. 지불자의 입장에서는 선급비용이 되는 것이고, 지불 받은 자의 입장에서는 선수수익이 되는 것이다.

4. 비유동부채 (고정부채) : 만기가 1년 후에 도래하는 채무를 말한다. 비유동부채의 과목은 다음과 같다.

4-1-1. 사채 : 1년 후에 상환되는 사채의 가액으로 한다.

* 사채발행차금 : 사채의 액면 이자율이 시장 이자율과 차이가 날 때는 사채를 저가로 발행하던지 고가로 발행하게 되는데 이때 사채의 액면가액과 발행가액의 차액을 처리하는 계정이다. 저가 발행 시는 사채할인발행차금이 발생하고 고가 발행 시는 사채할증발행차금이 발생한다. 사채발행가액과 액면가액의 차액은 사채할인발행차금 또는 사채할증발행차금으로 하여 당해 사채의 액면가액에서 차감 또는 부가하는 형식으로 기재한다.

4-1-2. 장기차입금 : 1년 후에 상환되는 차입금으로 한다. 차입 시점에서 1년 내에 상환되는 차입금은 단기차입금으로 1년 후에 상환되는 차입금은 장기차입금으로 구분한다. 장기차입금의 상환 기일이 1년 내로 도래하면 이때는 유동성 장기 부채로 구분되는 것이다.

4-1-3. 장기성 매입채무 : 유동부채에 속하지 아니하는 일반적 상거래에서 발생한 장기의 외상매입금 및 지급어음으로 한다. 상거래에서 발생한 채무 중 1년 후에 갚을 수 있는 채무를 말한다.

4-1-4. 이연법인세대 : 일시적 차이로 인하여 법인세비용이 법인세법 등의 법령에 의하여 납부하여야 할 금액을 초과하는 경우 그 초과하는 금액으로 한다. 즉, 세법과 회계의 차이로 인하여 덜 납부하게 된 세금의 효과를 말한다.

4-1-5. 부채성충당금 : 당기의 수익에 대응하는 비용으로서 장래에 지출될 것이 확실하고 당기의 수익에서 차감되는 것이 합리적인 것에 대하여는 그 금액을 추산하여 부채성충당금으로 계상하여야 한다. 즉, 당기에 발생한 수익 때문에 나중에 비용이 발생할 것이 확실하다면 수익 비용 대응의 원칙에 따라서 당기에 비용을 인식하여야 하는데, 이렇게 인식되는 비용의 상대계정을 부채성충당금이라 한다. 부채성충당금은 퇴직급여충당금, 수선충당금, 판매보증충당금 등을 포함하는 것으로 한다.

4-1-6. 퇴직급여충당부채 : 퇴직급여충당부채는 회계연도말 현재 전임직원이 일시에 퇴직할 경우 지급하여야 할 퇴직금에 상당하는 금액으로 한다.

자본 Capital

회사에 대한 주주의 지분이며 자산에서 부채를 차감한 금액을 의미 한다. 다시 말해서, 회사 주인이 순수 자기 몫으로 챙겨갈 수 있는 부분을 말한다고 할 수 있다.

5. 자본금 : 주식발행가액으로 한다. 즉, 주주가 회사에 투자한 금액 중 주식의 액면가액에 해당하는 부분을 말한다. 자본금은 보통주자본금 · 우선주자본금 등으로 분류한다.

6. 자본잉여금 : 자본 거래를 통해 발생한 잉여금을 말한다. 자본잉여금의 과목은 다음과 같다.

6-1-1. 주식발행초과금 : 주식발행가액이 액면가액을 초과하는 경우 그 초과하는 금액으로 한다. 즉, 주주가 회사에 투자한 금액 중 주식의 액면가액을 초과하는 부분을 말한다.

6-1-2. 감자차익 : 자본감소의 경우에 그 자본금의 감소액이 주식의 소각, 주금의 반환에 요한 금액과 결손의 보전에 충당한 금액을 초과한 때에 그 초과금액으로 한다. 다만, 자본금의 감소액이 주식의 소각, 주금의 반환에 요한 금액에 미달하는 금액이 있는 경우에는 동 금액을 차감한 후의 금액으로 한다. 즉, 자본을 감소시키기 위하여 소요된 지출이 자본의 원가보다 적게 들었을 때 지출액과 원가의 차이가 감자차익이 되는 것이다.

7. 이익잉여금 또는 결손금 : 이익잉여금이란 기업이 사업을 통해 벌어들인 수입으로서 주주에게 주지 않고 회사에 가지고 있는 수입을 의미한다. 이익잉여금 또는 결손금의 과목은 다음과 같이 구분하며, 당기의 이익잉여금처분계산서 또는 결손금처리계산서를 반영한 후의 금액으로 한다.

7-1-1. 이익준비금 : 상법의 규정에 의하여 적립된 금액으로 한다. 준비금 또는 적립금이란 정해진 용도로 사용하기 위하여 배당을 제한해놓은 금액을 말한다. 따라서 이익준비금이란 상법의 규정에 의하여 결손보전 또는 자본전입을 할 목적으로 배당을 제한해놓은 금액인 것이다.

7-1-2. 기타법정적립금 : 상법 이외의 법령의 규정에 의하여 적립된 금액으로 한다.

7-1-3. 임의적립금 : 법령에 의해 필수적으로 적립해야 하는 적립금이 아니라 회사의 결정에 의하여 적립된 금액을 말한다. 정관의 규정 또는 주주총회의 결의로 적립된 금액으로서 사업확장적립금 · 감채적립금 · 배당평균적립금 · 결손보전적립금 및 세법상 적립하여 일정기간이 경과한 후 환입될 준비금 등으로 한다.

7-1-4. 차기이월이익잉여금 또는 차기이월결손금 : 사용처가 정해지지 않은 이익잉여금을 말한다. 당기 이익잉여금처분계산서의 차기이월이익잉여금 또는 결손금처리계산서의 차기이월결손금으로 한다. 사업을 통하여 벌어들인 돈들은 그 사용처를 정하여 사용하게 되는데 주주에게 지급했을 때는 배당으로 일정용도로 사용처를 정했을 경우에는 적립금으로 처분이 되는 것이다. 그러나, 이러한 사용처가 정해지지 않을 수도 있는데 이때 사용되는 계정인 차기이월이익잉여금 또는 차기이월결손금이다.

8. 자본조정과 기타포괄손익누계액 : 자본조정이란 자본에서 차감되어야 하거나 소속이 불명확한 자본계정을 처리하는 항목이다. 자본조정과 기타포괄손익누계액의 과목은 다음과 같다.

8-1-1. 주식할인발행차금 : 주식발행가액이 액면가액에 미달하는 경우 그 미달하는 금액으로 한다. 즉, 주주가 회사에 투자한 금액 중 주식의 액면가액에 미달하는 부분을 말한다. 다시 정리하면 액면 출자액은 자본금으로 액면을 초과하는 출자금은 주식발행초과금(자본잉여금)으로 액면에 미달하는 출자금은 주식할인발행차금(자본조정)으로 구분하는 것이다.

8-1-2. 배당건설이자 : 개업 전 일정한 기간 내에 주주에게 배당한 건설이자로 한다. 기업이 배당을 하기 위해서는 잉여금이 있어야 하는데, 공공사업 형태의 건설공사의 경우는 잉여금이 발생할 때까지 장기간의 시간이 걸리게 된다. 이렇게 수익이 발생하는데 시간이 걸리는 공공 건설공사의 경우 이자 명목으로 배당금을 지급할 수도 있는데, 이를 배당건설이자라고 하는 것이다. 즉, 선 배당이라고 할 수 있다.

8-1-3. 자기주식 : 회사가 자기 회사가 발행한 주식을 보유하는 것을 말한다.

8-1-4. 미교부주식배당금 : 회사의 주식을 발행하여 배당하겠다고 선언한 경우 발생한다. 이는 이익잉여금처분계산서상 주식배당액을 말하는 것이다. 지급하지 않은 현금배당은 미지급배당금(부채)로 구분하고 교부하지 않은 주식배당은 미교부부식배당금(자본조정)으로 구분하는 것이다.

8-1-5. 투자유가증권평가손익 : 투자주식의 평가손익 또는 투자채권의 평가손익으로 한다.

대 차 대 조 표 (보 고 식)

제×기 20××년 ×월 ×일 현재
제×기 20××년 ×월 ×일 현재

(단위 : 원)

과목	제×(당)기		제×(전)기	
	금액		금액	
자산				
1. 유동자산		×××		×××
1-1. 당좌자산				
1-1-1. 현금 및 현금등가물				
1-1-2. 단기 금융상품				
1-1-3. 유가증권				
1-1-4. 매출채권				
대손충당금				
1-1-5. 단기대여금				
1-1-6. 미수금				
1-1-7. 미수수익				
1-1-8. 선급금				
1-1-9. 선급비용				
1-2. 재고자산				
1-2-1. 상품				
1-2-2. 제품				
1-2-3. 반제품				
1-2-4. 재공품				
1-2-5. 원재료				
1-2-6. 저장품				
2. 고정자산		×××		×××
2-1. 투자자산				
2-1-1. 장기 금융상품				
2-1-2. 투자유가증권				
2-1-3. 장기 대여금				
2-1-4. 장기성 매출채권				
대손충당금				
2-1-5. 투자 부동산				
2-1-6. 보증금				
2-1-7. 이연법인세차				

과목	제×(당)기	제×(전)기
	금액	금액
2-2. 유형자산		
2-2-1. 토지	×××	×××
2-2-2. 건물		
감가상각 누계액		
2-2-3. 구축물		
감가상각 누계액		
2-2-4. 기계장치		
감가상각 누계액		
2-2-5. 차량 운반구		
감가상각 누계액		
2-2-6. 건설중인자산		
2-3. 무형자산		
2-1-1. 영업권		
2-2-2. 산업재산권		
2-2-3. 광업권		
2-2-4. 창업비		
2-2-5. 개발비		
자산총계	×××	×××

과목	제×(당)기	
	금액	
부채		
3. 유동부채	×××	×××
3-1-1. 매입채무		
3-1-2. 단기차입금		
3-1-3. 미지급금		
3-1-4. 선수금		
3-1-5. 예수금		
3-1-6. 미지급 비용		
3-1-7. 미지급 법인세		
3-1-8. 미지급 배당금		
3-1-9. 유동성 장기부채		
3-1-10. 선수수익		

과목	제×(당)기		
	금액		
4. 고정부채		×××	×××
4-1-1. 사채			
사채발행차금			
4-1-2. 장기 차입금			
4-1-3. 장기성 매입채무			
4-1-3. 장기성 매입채무			
4-1-5. 부채성 충당금			
4-1-6. 퇴직급여 충당금			
2-1-6. 보증금			
부채총계		×××	×××
자본			
5. 자본금		×××	×××
5-1-1. 보통주 자본금			
5-1-2. 우선주 자본금			
6. 자본 잉여금		×××	×××
6-1-1. 주식발행 초과금			
6-1-2. 감자 차익			
7. 이익잉여금		×××	×××
7-1-1. 이익준비금			
7-1-2. 기타 법정적립금			
7-1-3. 임의적립금			
/-1-4. 차기 이월 이익잉여금			
8. 자본조정과 기타 포괄손익누계액		×××	×××
8-1-1. 주식할인 발행차금			
8-1-2. 배당건설이자			
8-1-3. 자기 주식			
8-1-4. 미교부주식 배당금			
8-1-5. 투자유가증권평가 이익			
자본총계		×××	×××
부채와 자본총계		×××	×××

손익계산서

일정 기간 동안의 회사의 사업에 대한 성과를 나타내는 재무제표로서 경제적 효익의 유입(수익)과 경제적 효익의 유출(비용)로서 구성된다.

* 수익(Revenue) : 재화와 용역의 공급에 대한 교환으로서 받게 된 자산의 증가로부터 발생하는 주주지분의 증가를 말한다. 즉, 장사를 통해 증가하는 주인 몫을 의미한다.

* 비용(Expense) : 고객에게 재화 및 용역을 제공함으로 인해 발생하는 주주지분의 감소액을 말한다. 즉, 주인이 돈을 벌기 위해 당장 사용하는 자원을 의미한다고 할 수 있다.

1. 매출액 2. 매출원가 3. 매출총손익
4. 판매비와 관리비 5. 영업손익
6. 영업외수익 7. 영업외비용 8. 경상손익
9. 특별이익 10. 특별손실 11. 법인세비용차감전순손익 계산
12. 법인세비용 13. 당기순이익

1. 매출액 : 상품의 매출 또는 서비스의 제공에 대한 수입금액으로 상품 또는 제품의 매출액은 총 매출액에서 매출에누리와 환입 및 매출할인을 차감한 금액으로 한다. 이 경우에 일정기간의 거래수량이나 거래금액에 따라 매출액을 감액하는 것은 매출에누리에 포함된다.

2. 매출원가 : 매출한 상품 또는 제품에 대한 구매가액 또는 제조 가액을 의미한다. 매출원가는 기초재고액과 당기상품매입액(또는 당기 제조원가)의 합계액에서 기말재고액을 차감하여 계산한다. 매출한 제품 및 상품을 판매 가능한 상태까지 만드는 데 들어간 비용을 말한다.

3. 매출총손익계산 : 매출총손익은 매출액에서 매출원가를 차감하여 표시한다.

4. 판매비와관리비 : 제품 및 상품을 판매 가능한 상태에서 거래처에 판매할 때까지 지출한 제반 비용을 말한다. 판매비와 관리비는 상품과 용역의 판매활동 또는 기업의 관리와 유지에서 발생하는 비용으로 급여, 퇴직급여, 복리후생비, 임차료, 접대비, 감가상각비, 무형자산상각비, 세금과공과, 광고선전비, 연구비, 경상개발비, 대손상각비 등 매출원가에 속하지 아니하는 모든 영업비용을 포함한다.

5. 영업손익계산 : 영업손익은 매출총손익에서 판매비와 관리비를 차감하여 표시한다. 이는 고유의 사업을 통하여 벌어들인 돈으로서 사업을 계속할 수 있는지를 결정하는 가장 중요한 지표가 된다.

6. 영업외수익 : 영업외수익은 영업활동 외에서 발생한 수익으로 반복적·경상적으로 발생하는 것을 말한다. 영업외수익은 이자수익, 배당금수익, 임대료, 유가증권처분이익, 유가증권평가이익, 외환차익, 외화환산이익, 지분법평가이익, 투자유가증권감액손실환입, 투자자산처분이익, 유형자산처분이익 등을 포함한다. 즉, 영업외 수익이란 회사에서 일상적으로 발생하긴 하지만 고유의 사업과는 관련 없는 곳에서 발생한 수익을 말한다.

7. 영업외비용 : 영업외비용은 영업활동 외에서 발생한 비용으로 반복적·경상적으로 발생하는 것을 말한다. 영업외비용은 이자비용, 기타의 대손상각비, 유가증권처분손실, 유가증권평가손실, 재고자산평가손실, 외환차손, 외화환산손실, 기부금, 지분법평가손실, 투자유가증권감액손실, 투자자산처분손실, 유형자산처분손실 등을 포함한다. 즉, 영업외 비용이란 회사에서 일상적으로 발생하긴 하지만 고유의 사업과는 관련 없는 곳에서 발생한 비용을 말한다.

8. 경상손익계산 : 경상손익은 영업손익에 영업외수익을 가산하고 영업외비용을 차감하여 표시한다. 회사가 일상적인 사업의 결과 벌어 들인 돈으로서 미래 수입을 예측할 때 아주 유용하게 쓰일 수 있는 지표이다.

9. 특별이익 : 특별이익은 어쩌다 한번 발생할 수 있는 이익을 말한다. 특별이익은 비경상적, 비반복적으로 발생한 영업외수익과 자산수증이익, 채무면제이익 등을 포함한다.

10. 특별손실 : 특별손실은 어쩌다 한번 발생할 수 있는 손실을 말한다. 특별손실은 비경상적, 비반복적으로 발생한 영업외비용과 재해손실 등을 포함한다.

11. 법인세비용차감전순손익 계산 : 법인세비용차감전순손익은 경상손익에 특별이익을 가산하고 특별손실을 차감하여 표시한다.

12. 법인세비용 : 법인세비용은 사업의 결과 발생한 이익에 대한 법인세 채무를 말하는 것으로서 이는 실지 납부액 뿐만 아니라 세법과 회계의 차이에 의하여 발생한 세금 납부의 시간차이에 해당하는 이연법인세 효과를 포함하여야 한다.

13. 당기순손익 계산 : 당기순손익은 법인세비용차감전순손익에서 법인세비용을 차감하여 표시한다. 즉, 회사가 사업을 통해 이것저것 모두 제외하고도 남은 손익을 말한다.

손 익 계 산 서 (보 고 식)

제×기 20××년 ×월 ×일부터 20××년 ×월 ×일까지
제×기 20××년 ×월 ×일부터 20××년 ×월 ×일까지

회사명 (단위 : 원)

과목	제×(당)기		제×(전)기	
	금액		금액	
1. 매출액		×××		×××
2. 매출원가		×××		×××
2-1-1. 기초상품(또는제품)재고액				
2-1-2. 당기매입액(또는 제품제조원가)				
2-1-3. 기말상품(또는제품)재고액				
3. 매출 총이익		×××		×××
4. 판매비와 관리비		×××		×××
4-1-1. 급여				
4-1-2. 퇴직 급여				
4-1-3. 복리후생비				
4-1-4. 임차료				
4-1-5. 접대비				
4-1-6. 감가상각비				
4-1-7. 무형자산 상각비				
4-1-8. 세금과 공과				
4-1-9. 광고선전비				
4-1-10. 연구비				
4-1-11. 경상개발비				
4-1-12. 대손상각비				
5. 영업이익		×××		×××
6. 영업 외 수익		×××		×××
6-1-1. 이자수익				
6-1-2. 배당금수익				
6-1-3. 임대료				
6-1-4. 유가증권처분이익				
6-1-5. 유가증권평가이익				
6-1-6. 외환차익				
6-1-7. 외화환산이익				

과목	제×(당)기		제×(전)기	
	금액		금액	
6-1-9. 투자유가증권감액손실환입				
6-1-10. 투자자산처분이익				
6-1-11. 유형자산처분이익				
7. 영업 외 비용		×××		×××
7-1-1. 이자비용				
7-1-2. 기타의 대손상각비				
7-1-3. 유가증권처분손실				
7-1-4. 유가증권평가손실				
7-1-5. 재고자산평가손실				
7-1-6. 외환차손				
7-1-7. 외환환산손실				
7-1-8. 기부금				
7-1-9. 지분법평가손실				
7-1-10. 투자유가증권감액손실				
7-1-11. 투자자산처분손실				
7-1-12. 유형자산처분손실				
8. 경상이익		×××		×××
9. 특별이익		×××		×××
9-1-1. 자산수증이익				
9-1-2. 채무면제이익				
10. 특별손실				
10-1-1. 재해손실				
11. 법인세비용 차감전순이익				
12. 법인세비용				
13. 당기순이익				
(주당경상이익 : ×××원)				
(주당순이익 : ×××원)				

이익잉여금처분계산서

사업을 통해 벌어들인 돈을 어떻게 사용할 것인가를 보여주는 제무제표 이다.

1. 처분전 이익잉여금
2. 임의적립금 등의 이입액
3. 이익잉여금 처분액
4. 차기이월이익 잉여금

1. 처분전이익잉여금 : 전기이월이익잉여금에 회계처리기준의 변경으로 인한 누적효과, 전기오류수정손익, 중간배당액 및 당기순이익 등을 가감한 금액으로 한다.

2. 임의적립금등의 이입액 : 임의적립금등을 이입하여 당기의 이익잉여금처분에 충당하는 경우에는 그 금액을 처분전이익잉여금에 가산하는 형식으로 기재한다.

3. 이익잉여금처분액 : 이익잉여금의 처분은 다음과 같은 과목으로 세분하여 기재한다.

3-1-1. 이익준비금 : 상법의 규정에 의하여 적립된 금액으로 한다.

3-1-2. 기타법정적립금 : 상법 이외의 법령의 규정에 의하여 적립된 금액으로 한다

3-1-3. 이익잉여금처분에 의한 상각 등 : 자본의 차감 항목이 발생한 경우는 일정 기간에 걸쳐 잉여금과 상계를 하여야 하는데 이를 잉여금처분에 의한 상각이라고 한다. 주식할인발행차금상각, 배당건설이자상각, 자기주식처분손실 잔액, 상환주식 상환액등의 이익잉여금처분액으로 한다.

3-1-4. 배당금 : 당기에 처분할 배당액으로 하되 금전에 의한 배당과 주식에 의한 배당으로 구분하여 기재한다. 지급하지 않은 현금배당은 미지급배당금(부채)로 구분하고 교부하지 않은 주식배당은 미교부부식배당금(자본조정)으로 구분한다.

3-1-5. 임의적립금 : 법령에 의해 필수적으로 적립해야 하는 적립금이 아니라 회사의 결정에 의하여 적립된 금액을 말한다. 정관의 규정 또는 주주총회의 결의로 적립된 금액으로서 사업확장적립금 · 감채적립금 · 배당평균적립금 · 결손보전적립금 및 세법상 적립하여 일정기간이 경과한 후 환입될 준비금 등으로 한다.

4. 차기이월이익잉여금 : 사용처가 정해지지 않은 이익잉여금을 말한다. 사업을 통하여 벌어들인 돈들은 그 사용처를 정하여 사용하게 되는데 주주에게 지급했을 때는 배당으로 일정용도로 사용처를 정했을 경우에는 적립금으로 처분이 되는 것이다. 그러나, 이러한 사용처가 정해지지 않을 수도 있는데 이때 사용되는 계정이 차기이월이익잉여금이다. 처분전이익잉여금과 임의적립금이입액의 합계에서 이익잉여금처분액을 차감한 금액으로 한다.

이 익 잉 여 금   처 분 계 산 서

제 × 기 20××년 ×월 ×일 부터 제 × 기 20××년 ×월 ×일 부터
20××년 ×월 ×일 까지   20××년 ×월 ×일 까지
처분확정일 20××년 ×월 ×일   처분확정일 20××년 ×월 ×일

회사명 (단위 : 원)

과목	제×(당)기		제×(전)기	
	금액		금액	
1. 처분전 이익잉여금		×××		×××
1-1-1. 전기이월 이익잉여금				
(또는 전기이월 결손금)				
1-1-2. 회계변경의 누적효과				
1-1-3. 전기오류 수정이익				
(또는 전기오류 수정손실)				
1-1-4. 중간배당액				
1-1-5. 당기순이익				
(또는 당기순손실)				
2. 임의적립금 등의 이입액		×××		×××
2-1-1. ×× 적립금				
2-1-2. ×× 적립금				
합계				
3. 이익잉여금 처분액		×××		×××
3-1-1. 이익준비금				
3-1-2. 기타 법정적립금				
3-1-3. 잉여금처분에 의한 상각 등				
3-1-4. 배당금				
가. 현금 배당				
주당배당금(율)보통주 : 당기××원(%)				
전기××원(%)				
우선주 : 당기××원(%)				
전기××원(%)				
나. 주식 배당				
주당배당금(율)보통주 : 당기××원(%)				
전기××원(%)				
우선주 : 당기××원(%)				
전기××원(%)				
3-1-5. 임의적립금				
4. 차기 이월 이익 잉여금		×××		×××

현금흐름표

현금흐름표는 기업의 현금흐름을 나타내는 표로서 현금의 변동내용을 명확하게 보고하기 위하여 당해 회계기간에 속하는 현금의 유입과 유출내용을 적정하게 표시하여야 한다.

현금흐름표는 영업활동으로 인한 현금흐름, 투자활동으로 인한 현금흐름, 재무활동으로 인한 현금흐름으로 구분하여 표시하고, 이에 기초의 현금을 가산하여 기말의 현금을 산출하는 형식으로 표시한다.

---

1. 영업활동으로 인한 현금흐름
   - 1-1. 당기순이익/순손실
   - 1-2. 현금의 유출이 없는 비용 등의 가산
   - 1-3. 현금의 유입이 없는 수익 등의 차감
   - 1-4. 영업활동으로 인한 자산/부채의 변동

2. 투자활동으로 인한 현금흐름
   - 2-1. 투자활동으로 인한 현금유입액
   - 2-2. 투자활동으로 인한 현금유출액

3. 재무활동으로 인한 현금흐름
   - 3-1. 재무활동으로 인한 현금유입액
   - 3-2. 재무활동으로 인한 현금유출액

4. 현금의 증가/감소 (1+2+3)
5. 기초의 현금
6. 기말의 현금

---

1. 영업활동으로 인한 현금흐름 : 영업에 대한 현금 흐름부분은 기업이 영업(고유목적사업)을 위해 하는 활동인 구매, 생산, 판매활동과 관련된 현금흐름을 표시하는 부분으로서 손익계산서, 유동자산, 유동부채가 영업과 관련 있는 계정과목들이라 할 수 있다.

   1-1. 영업활동으로 인한 현금의 유입 : 영업활동으로 인한 현금의 유입에는 제품 등의 판매에 따른 현금유입, 이자수익과 배당금수익, 기타 투자활동과 재무활동에 속하지 아니하는 거래에서 발생된 현금유입이 포함된다.

1-2. 영업활동으로 인한 현금의 유출 : 영업활동으로 인한 현금의 유출에는 원재료, 상품 등의 구입에 따른 현금유출, 기타 상품과 용역의 공급자와 종업원에 대한 현금지출, 미지급법인세의 지급, 이자비용, 기타 투자활동과 재무활동에 속하지 아니하는 거래에서 발생된 현금유출이 포함된다.

2. 투자활동으로 인한 현금흐름 : 투자에 대한 현금 흐름은 고유목적사업과 관련 없는 자산을 취득하고 매각하는 것과 관련된 현금 흐름으로서 투자자산 · 유형자산 · 무형자산이 투자와 관련 있는 계정과목이라 할 수 있다.

    2-1. 투자활동으로 인한 현금의 유입 : 투자활동으로 인한 현금의 유입에는 대여금의 회수, 단기금융상품 · 유가증권 · 투자자산 · 유형자산 및 무형자산의 처분 등이 포함된다.

    2-2. 투자활동으로 인한 현금의 유출 : 투자활동으로 인한 현금의 유출에는 현금의 대여, 단기금융상품 · 유가증권 · 투자자산 · 유형자산 및 무형자산의 취득에 따른 현금유출로서 취득직전 또는 직후의 지급액 등이 포함된다.

3. 재무활동으로 인한 현금흐름 : 재무에 대한 현금 흐름은 기업의 자금조달과 관련 있는 차입, 상환, 증자, 배당에 관련된 현금흐름으로서 차입금, 자본금, 이익잉여금 중 배당부분이 재무와 관련 있는 계정과목이라 할 수 있다.

    3-1. 재무활동으로 인한 현금의 유입 : 재무활동으로 인한 현금의 유입에는 단기차입금 · 장기차입금의 차입, 어음 · 사채의 발행, 주식의 발행 등이 포함된다.

    3-2. 재무활동으로 인한 현금의 유출 : 재무활동으로 인한 현금의 유출에는 배당금의 지급, 유상감자, 자기주식의 취득, 차입금의 상환, 자산의 취득에 따른 부채의 지급 등이 포함된다.

현 금 흐 름 표

제×기 19××년 ×월 ×일부터　19××년 ×월 ×일까지
제×기 19××년 ×월 ×일부터　19××년 ×월 ×일까지

회사명　　　　　　　　　　　　　　　　　　　　　　　　　　　　　　　　(단위 : 원)

과목	제×(당)기		제×(전)기	
	금액		금액	
1. 영업활동으로 인한 현금흐름		×××		×××
1-1. 당기순이익 (손실)				
1-2. 현금의 유출이 없는 비용 등의 가산				
1-2-1. 감가상각비				
1-2-2. 퇴직급여				
1-3. 현금의 유입이 없는 수익 등의 차감				
1-3-1. 사채상환이익				
1-4. 영업활동으로 인한 자산·부채의 변동				
1-4-1. 재고자산의 감소(증가)				
1-4-2. 매출채권의 감소(증가)				
1-4-3. 이연법인세차의 감소(증가)				
1-4-4. 매입채무의 증가(감소)				
1-4-5. 미지급법인세의 증가(감소)				
1-4-6. 이연법인세대의 증가(감소)				
2. 투자활동으로 인한 현금흐름		×××		×××
2-1. 투자활동으로 인한 현금유입액				
2-1-1. 단기금융상품의 처분				
2-1-2. 유가증권의 처분				
2-1-3. 토지의 처분				
2-2. 투자활동으로 인한 현금유출액				
2-2-1. 현금의 단기대여				
2-2-2. 단기금융상품의 취득				
2-2-3. 유가증권의 취득				
2-2-4. 토지의 취득				
2-2-5. 개발비의 지급				
3. 재무활동으로 인한 현금흐름		×××		×××
3-1. 재무활동으로 인한 현금유입액				
3-1-1. 단기차입금의 차입				
3-1-2. 사채의 발행				
3-1-3. 보통주의 발행				

과목	제×(당)기	제×(전)기
	금액	금액
3-2. 재무활동으로 인한 현금유출액		
3-2-1. 단기차입금의 상환		
3-2-2. 사채의 상환		
3-2-3. 유상감자		
4. 현금의 증가(감소) (Ⅰ+Ⅱ+Ⅲ)	×××	×××
5. 기초의 현금	×××	×××
6. 기말의 현금	×××	×××

초보 탈출 한 권으로 끝내는 회계와 세무
ⓒ김장용 2009

1판 1쇄   2009년 10월   7일
1판 6쇄   2021년 1월 20일

지은이   김장용
펴낸이   김승욱
편집   김승관 김민영
마케팅   백윤진 이시진
펴낸곳   이콘출판(주)
출판등록 2003년 3월 12일 제406-2003-059호

주소   10881 경기도 파주시 회동길 455-3
전자우편 book@econbook.com
전화   031-8071-8677
팩스   031-8071-8672

ISBN   978-89-90831-74-3 13320

이 도서의 국립중앙도서관 출판예정도서목록(CIP)은 서지정보유통지원시스템
홈페이지(http://seoji.nl.go.kr)와 국가자료종합목록 구축시스템(http://kolis-net.nl.go.kr)에서
이용하실 수 있습니다. (CIP제어번호 : CIP2009002939)